Verlag für Systemische Forschung
im Carl-Auer Verlag

Irena Lahajnar

Wenn der Frosch im Hals nach Lösung ruft

Systemisches Coaching bei gestörter Lehrerstimme im Unterricht

2024

Carl-Auer im Internet: www.carl-auer.de
Bitte fordern Sie unser Gesamtverzeichnis an:

Carl-Auer Verlag
Vangerowstr. 14
69115 Heidelberg

Reihengestaltung nach Entwürfen von Uwe Göbel
Printed in Germany 2024

Erste Auflage, 2024
ISBN 978-3-8497-9076-9 (Printausgabe)
ISBN 978-3-8497-9077-6 (ePub)
DOI 10.55301/9783849790769

Bibliografische Information der Deutschen Nationalbibliothek:
Die Deutsche Nationalbibliothek verzeichnet diese Publikation
in der Deutschen Nationalbibliografie; detaillierte bibliografische
Daten sind im Internet über http://dnb.ddb.de abrufbar.

Diese Publikation beruht auf der Masterarbeit „Wenn der Frosch im Hals nach Lösung ruft. Möglichkeiten der systemischen Beratung bei gestörter Lehrerstimme im Unterricht am Beispiel des Einzelcoachings von Lehrkräften“ im Masterstudiengang „Systemische Beratung“ an der Technischen Universität Kaiserslautern, Distance and Independent Studies Center (DISC), 2018.

Die Verantwortung für Inhalt und Orthografie liegt bei der Autorin.

Inhalt

Einleitung

Zur Aufgabe einer Lehrkraft zählt in erster Linie das Unterrichten. Die geforderte Redeleistung an einer Regelschule ist mit einer sportlichen Höchstleistung zu vergleichen. Ein Unterrichtsalltag dauert vier bis sechs Stunden mit bis zu 30 Lernenden pro Klassenzimmer. In einer Stunde trifft eine Lehrkraft auf 200 bis 300 wechselnde Kommunikationssituationen mit unterschiedlichen Gesprächspartnern (vgl. Hammann 2011, S. 11–12). Demnach sind Lehrkräfte in ihrem stimmlich-verbalen Kommunikationsverhalten vielseitig gefordert. Eine stimmige Gestaltung des Unterrichtsgesprächs ohne den Einsatz der Stimme ist daher undenkbar. Hält die Stimme den alltäglichen Belastungen stand, kann sie auf vielfältige Weise beim Sprechen und Singen zum Einsatz kommen. Zeigt sich dagegen ein „Frosch im Hals" in Form von Stimmbeschwerden, wird das kommunikative Verhalten im Unterricht stark beeinflusst. Roy und Mitarbeiter (2004) haben in einer Studie mit 1243 Lehrkräften festgestellt, dass die Befragten während ihrer Berufslaufbahn signifikant häufiger am Arbeitsplatz von Stimmbeschwerden betroffen sind als Menschen aus anderen Berufsgruppen. 11 % der Lehrkräfte gaben an, aktuell an einer gestörten Stimme zu leiden. Als Erkrankungsrate über die Lebensspanne hinweg wurde ein prozentualer Anteil von 57,7 % festgestellt. Auch in einer Studie von Kooijman et al. (2007) an 1800 Lehrkräften berichteten 59% der Befragten von Stimmproblemen. Ein anhaltend fehlerhafter Gebrauch der Stimme kann dann im Extremfall zur Berufsunfähigkeit führen (vgl. Nawka / Wirth 2008). Der Blick auf die Geschlechterverteilung zeigt, dass Frauen häufiger von Fehlzeiten wegen Stimmbeschwerden betroffen sind als Männer (vgl. Koiijman et al. 2006). Ursachen für eine funktionsbedingte Abweichung der Stimme erkennen Wendler und Seidner (2005) in einer Wechselwirkung aus biologischen, psychischen und sozialen Zusammenhängen. Beushausen et al. (2015) begründen die Entwicklung funktioneller Stimmstörungen mit einer Kombination aus internen und externen Faktoren. Eine einheitliche Definition für funktionsbedingte Störungen der Stimme liegt in der deutschsprachigen Literatur nicht vor. Übereinstimmungen zeigen sich im Verweis auf die Abwesenheit von erkennbaren organischen Veränderungen. Hält die

Stimme den Anforderungen des Berufsalltags nicht mehr stand, erleben Betroffene die stimmlichen Leistungsabweichungen subjektiv als hochgradige Einschränkung (vgl. Schneider et al. 2004), was sie dazu veranlasst, Lösungen für das Problem zu suchen. Neben der organmedizinischen Betrachtung können zur Erklärung einer Stimmproblematik aufgrund ihrer Ätiologie auch Möglichkeiten einbezogen werden, die zusätzlich die psychosozialen Faktoren beleuchten. Da sich das Stimmproblem im Kontext von Unterricht zeigt, erscheint eine Reflexion der Dynamiken an der Schnittstelle des psychischen und körperlichen Systems der Lehrkraft sowie des sozialen Systems Schulunterricht anhand systemtheoretischer Denkansätze im Rahmen dieser Masterarbeit sinnvoll zu sein. Reflexionen des stimmlichen Sachverhalts bei Lehrkräften im Unterricht liegen nach aktuellem Wissensstand in der systemischen Literatur noch nicht vor und führen zu der Frage, ob das systemische Einzelcoaching zum Lösen einer im Unterricht entstandenen Stimmstörung bei Lehrkräften zufriedenstellende Antworten bringen kann:

1. Wie kann das Symptom der gestörten Stimme einer Lehrkraft vor dem Hintergrund des systemischen Ansatzes erklärt werden?
2. Welche Möglichkeiten und Perspektiven stellt das systemische Einzelcoaching zur Lösung einer gestörten Lehrerstimme im Unterricht zur Verfügung?

Um die Fragen gegenstandsangemessen zu bearbeiten, findet eine kritische Auseinandersetzung mit der einschlägigen Literatur statt, um einen Überblick über das Forschungsfeld zu gewinnen. Anhand theoretischer und methodischer Aspekte werden Hypothesen über soziale Strukturen und Prozesse entwickelt mit dem Ziel, die Kontextbezüge und Sinnstrukturen, die das Stimmsymptom im Unterricht hervorgebracht haben könnten, sichtbar zu machen. Dazu wird im 1. Kapitel das Phänomen Stimme und ihre Wirkkraft in der zwischenmenschlichen Kommunikation dargestellt, woraufhin im 2. Kapitel die Stimme im Unterricht vor dem Kontext des systemischen Ansatzes beleuchtet wird. Im 3. Kapitel wird das theoretische Fundament des systemischen Einzelcoachings vorgestellt, worauf im 4. Kapitel mögliche Elemente für die Prozessgestaltung eines Einzelcoachings im Rahmen einer gestörten Lehrerstimme im Unterricht skizziert werden. Das 5. Kapitel stellt Interventionsmöglichkeiten zur Ausgestaltung eines Coachingprozesses vor. In Kapitel sechs werden die Ergebnisse der Arbeit zusammengefasst und mit dem abschließenden 7. Kapitel ein Ausblick für zukünftige Entfaltungsmöglichkeiten des systemischen Coachings als Ressource zum nachhaltigen Umgang mit dem Arbeitswerkzeug Stimme im Unterricht an Schulen gegeben.

1 Die menschliche Stimme

Der Beruf von Lehrerinnen und Lehrern an Regelschulen ist gekennzeichnet durch das Unterrichtsgespräch zur Gestaltung der Lehr-Lernsituation. Grundlegendes Element ist die verbale Kommunikation (vgl. Beschluss der Kultusministerkonferenz 2000; Eberhart/Hinderer 2016; Pabst-Weinschenk 2015). Nach Koufman und Isaacson (1991, S. 985–988) zählt der Lehrerberuf zur Gruppe der Berufssprecher, bei der bereits moderate Stimmfunktionsabweichungen die Ausübung und Leistungsfähigkeit im Beruf beeinträchtigen oder gefährden können. Für eine Annäherung an das Phänomen Stimme beleuchtet dieses Kapitel zunächst die Entwicklung der menschlichen Stimme und stellt ihre Wirkungen in der menschlichen Kommunikation dar.

1.1 Die Entwicklung der menschlichen Stimme

Die Stimme ist eine Teilfunktion des Kehlkopfes (vgl. Hammer 2007, S. 11–12). Den Ausgangspunkt hat die Kehlkopfentwicklung im Rachen des Lungenfischs, der bei Bedarf die Öffnung in Form eines ringförmigen Muskelschlitzes verschließen konnte, um das Eindringen von Wasser oder Fremdkörpern zu verhindern (vgl. Feuerstein 2004, S. 17). Der Verschlussmechanismus des Kehlkopfes zum Schutz der Atmung zählt heute noch zu seiner Primärfunktion (vgl. Kollbrunner 2006, S. 142). Der Kehlkopf bildet den oberen Abschluss der Luftröhre. In seiner primären Aufgabe fungiert er „als Weiche an der Kreuzung der Organe der beiden elementaren Lebensfunktionen Ernährung und Atmung. Zudem verlaufen in seiner Nähe wichtigste Blutgefäße und Nerven. Eine schwere Schädigung des Kehlkopfes gefährdet also Leben in existentieller Weise“ (ebd., S. 141). Die Schutzfunktion des Kehlkopfes ist überlebenswichtig, weshalb er sensibel auf körperliche Erregungszustände reagiert (vgl. Moses 1956, S. 110).

Die Stimmfunktion zählt zur Sekundärfunktion des Kehlkopfes (vgl. Hammer 2007, S. 11–12). Sie geht auf das Lautrepertoire der schwanzlosen Amphibien zurück und hat sich als Instrument der sozialen Durchsetzung entwickelt (vgl. Kiese-Himmel/Kruse 1996, S. 20). Die Stimmfunktion bestand zunächst aus zwei Lauten: dem

Paarungs- und dem Befreiungsruf (vgl. Jürgens 1982, S. 25). Im Rahmen der Evolution hat sich der menschliche Stimmapparat entsprechend seines genetischen Programms weiterentwickelt, was u. a. zur Ausformung der Lungen, des Kehlkopfes und des Vokaltrakts geführt hat. Die menschliche Stimme ist von Geburt an voll funktionsfähig und wird in ihrer Entwicklung von soziokulturellen Einflüssen der Umwelt wie Kulturkreis oder Stimmvorbildern im Elternhaus geprägt (vgl. Hammer 2007, S. 45). Getragen von dem Wunsch, sich auszudrücken, kommt sie beim Sprechen, Singen, Schreien, Weinen und Lachen zum Einsatz. „Über das Medium Stimme trägt der Mensch die Inhalte seines Denkens und seines seelischen Erlebens nach außen" (Spiecker-Henke / Neuschaefer-Rube 2003, S. 269). So stellt die Stimme die Basis sprachlicher Äußerungen dar und ist für die verbale Kommunikation von großer Bedeutung.

Einer gesunden Stimme steht ein hohes Maß an Koordination und Feinabstimmung im Zusammenspiel von Muskel- und Atemfunktion zur Verfügung (vgl. Hammer 2007, S. 23ff.). Anstrengungsfreies Sprechen findet in einer physiologischen Sprechstimmlage (Indifferenzlage) statt (vgl. ebd., S. 28). Durch ein optimales Zusammenspiel von Atmung, Kehlkopf und Vokaltrakt entsteht eine physiologische Stimmfunktion, die bei ökonomischem Gebrauch im beruflichen und privaten Kontext durch eine angemessene Variation von Lautstärke und Tonhöhe bei angenehmem Klang ein Leben lang zur Verfügung steht. Liegt eine Störung der Stimme vor, wird sie im medizinischen Verständnis zwecks internationaler Verständigung unter Medizinern nach ICD-10 mit R49 codiert (vgl. dimdi 2018). Diagnostisch werden Stimmstörungen traditionell in organische und funktionelle Stimmstörungen unterschieden (vgl. Spiecker-Henke / Neuschaefer-Rube 2003, S. 276). Liegt keine erkennbare organische Ursache vor, handelt es sich um eine funktionelle Erkrankung der Stimme (funktionelle Dysphonie). Die drei wesentlichen Merkmale einer funktionellen Stimmstörung sind ein veränderter Stimmklang, eine eingeschränkte stimmliche Belastbarkeit und Missempfindungen im Hals- und Rachenbereich (vgl. ebd., S. 277). Als Ursache für die Entwicklung einer funktionellen Stimmstörung wird ein multifaktorielles Geschehen angenommen (vgl. Wirth 1995, S. 237; Böhme 2003, S. 191). Nach Hammer (2007) ist nicht jede Veränderung des Stimmklangs mit einer Stimmerkrankung gleichzusetzen, sondern eine stimmliche Leistungseinschränkung ist dann als Erkrankung zu bewerten, wenn „sie den Betroffenen in der Ausübung seines Berufes oder in der Kommunikation im Alltag beeinträchtigt" (Hammer 2007, S. 51). Von Berufsdysphonie (vgl. Wirth 1995, S. 257–262) wird gesprochen, wenn bei Lehrkräften durch ein Missverhältnis zwischen der geforderten und der realisierbaren Stimmleistung „im Sinne eines „Zuviels" oder „Zuwenigs"" (ebd., S. 237) eine zunehmende Heiserkeit nach der 2. bis 3. Unterrichtsstunde durch eine zu hohe Sprechstimmlage bei erhöhter Lautstärke, Räusperzwang, Trockenheitsgefühl im Hals sowie Halsschmerzen auftritt (vgl. ebd., S. 259). Erleben Lehrkräfte den Arbeitsalltag als stimmintensiv und stimmbelastend (vgl. Schneider et al. 2004), resultiert daraus ein erhöhtes Risiko, an einem Stimmproblem zu erkranken (vgl. Roy et al. 2004). Hält das Arbeitswerkzeug Stimme den beruflichen Unterrichtsbelastungen nicht mehr stand, führt eine Stimmstörung im schulischen Kontext zu Stundenausfall, Einschränkung der beruflichen Teilhabe und einer möglichen Berufsunfähigkeit (vgl. Verdolini/Ramig 2001). Trotz der Begrifflichkeit Berufsdysphonie zählen Stimmstörungen bei Lehrkräften nicht zu den anerkannten Berufskrankheiten (vgl. Rittich 2017, S. 64). So kann für die Manifestation einer Stimmstörung festgehalten werden, dass neben körperlichen, personen- und kontextbezogenen Faktoren auch individuelle Wahrnehmungsprozesse eine Rolle spielen, die zu subjektiver Betroffenheit und Definition einer Stimmstörung beitragen.

1.2 Zur Wirkung der Stimme

Die Wirkung der menschlichen Stimme basiert auf der Erkenntnis, dass sie mehr als nur ein akustisches Medium zur Informationsweitergabe ist, das sprachliche Zeichen hörbar werden lässt. In der Stimme können angeborene oder erworbene Persönlichkeitscharakteristika zum Ausdruck kommen (vgl. Hammer 2007, S. 37–47). Nach Kramer (2006) gibt die Stimme sowohl Auskunft über Geschlecht, Alter und Persönlichkeit der sprechenden Person als auch über ihre seelische und emotionale Befindlichkeit. Zu den Forschern über die Wirkkraft der Stimme zählt u. a. Albert Mehrabian (1971). Seine Untersuchungen zur Wirkung der Stimme beim Verstehen einer paradoxen Botschaft ließen erkennen, dass die Probanden den Widerspruch von verbaler und nonverbaler Botschaft zu 7% durch den Inhalt, zu 38% durch den Stimmausdruck und zu 55% von Gesichtsausdruck und Körpersprache lösten (vgl. Mehrabian/Ferris 1967; Mehrabian/Wiener 1967; Mehrabian 1971). Einer Verallgemeinerung der

Wirkkraft der Stimme auf alle Sprechsituationen sei nach Mehrabian nicht möglich (vgl. Mehrabian 1971). Dennoch unterstützt eine neuere Studie aus dem Jahre 2006 durch das Institut für Demoskopie Allensbach und das Institut für Publizistik der Universität Mainz die Tendenz, dass die sprecherisch stimmliche Gestaltung beim Reden großes Wirkpotenzial besitzt (vgl. Verband der Redenschreiber deutscher Sprache 2006). Nach deren Ergebnissen tragen Betonungen mit 4%, die begleitende Gestik mit 15%, der Text mit 22% und die Modalitäten des mündlichen Vortrags mit 59% zur Gesamtbeurteilung von Reden bei.

Neben der allgemeinen Wirkung der Stimme wird seit etwa 1930 das Verhältnis von Stimme und Person erforscht (vgl. Gundermann 1994). Blood und Mitarbeiter (1979) untersuchten in den achtziger Jahren die Zuschreibung von Persönlichkeitsmerkmalen bei Sprechern mit gestörten und ungestörten Stimmen. Dazu wurden 105 Studenten aufgefordert, mittels gegensätzlicher Adjektivpaare Persönlichkeit und Aussehen einer Referentengruppe von zwölf Sprechern zu beurteilen, von denen vier mit ungestörter Stimme, vier mit heiserer Stimme und vier mit nasalem Stimmklang vortrugen. Die Probanden beurteilten Persönlichkeit und Aussehen der Referenten mit Stimmstörung signifikant schlechter als Redner mit ungestörter Stimme. In den 70er-Jahren kamen Brown und Bruce (1982) zu dem Ergebnis, dass Sprecher mit einer intonatorischen Variabilität als kompetent und wohlwollend eingeschätzt wurden. Scherer (1982) fand heraus, dass sich vornehmlich Persönlichkeitseigenschaften, die sich auf die Interaktion der zwischenmenschlichen Kommunikation beziehen, im stimmlichen Ausdruck wiederfinden. Die Sprechtonhöhe ist dabei von besonderer Relevanz: Sprecher mit tieferen Stimmen gelten als durchsetzungsfähiger, kompetenter, offener, liebenswerter, weniger ängstlich und nervös als hohe, leise und undeutlich Sprechende (vgl. Helfrich / Weidenbächer 2011; Montepare / Zebrowitz-McArthur 1987). Zudem verweisen Autoren darauf, dass der emotionale Informationsgehalt einer Stimme vom Zuhörer unmittelbar und unabhängig vom Inhalt erfasst werden kann, da der stimmliche Ausdruck kulturübergreifende Ähnlichkeiten hat (vgl. Spiecker-Henke 2014; Seidner / Wendler 2005). Den Zusammenhang zwischen Stimmklang und Sprachverständnis untersuchten Rogerson und Dodd (2005) in einer Studie mit 107 Schülern im Alter von neun und zehn Jahren. Per Video-Aufnahmen wurden drei Passagen vorgespielt, jeweils mit normaler, leicht gestörter und schwer gestörter Stimme. Nach jedem Durchgang wurden die Probanden zur Beantwortung sechs leichter Multipel-Choice-Fragen aufgefordert. Das Ergebnis zeigte, dass das Sprachverständnis bei ungestörten Stimmen besser war als bei gestörten Stimmen. Zur Rezeptionsbereitschaft des Hörers bezogen auf die Wirkung der Stimme vermerken Miethe und Hermann-Röttgen (2006):

> „Das Publikum reagiert auf Stimmklang nicht nur mit Zustimmung oder Ablehnung, mit Interesse oder Langeweile, sondern auch mit Emotionen. Eine Stimme kann aufgrund ihres Klanges Aggressionen auslösen oder Begeisterung. Sie kann faszinieren und sie kann langweilen." (Miethe / Hermann–Röttgen 2006, S. 90)

Stel und Mitarbeiter (2012) ergänzen als Ergebnis ihrer Untersuchungen, dass Menschen, die zum Lesen eines Textes mit eine um drei Töne tieferen Stimme aufgefordert wurden, sich anschließend nicht nur machtvoller einschätzten, sondern auch bessere Leistungen im abstrakten Denken zeigten als Probanden, die mit einer höheren, der üblichen oder gar nicht vorgelesen hatten.

So kann aus dem vorgestellten wissenschaftlichen Kenntnisstand für das Unterrichtsgespräch gefolgert werden, dass die Stimme der Lehrkraft eine hohe Wirkkraft auf Sprecher und Zuhörer hat. Aufgrund ihrer hohen Bedeutung auf individueller und sozialer Ebene sowie ihrer Nähe zur Schutzfunktion des Kehlkopfes erscheint ein individuelles Vorgehen als angemessene Strategie zur Abbildung des komplexen Sachverhalts der gestörten Stimme einer Lehrkraft. Als schlüssige Beratungsform für den Umgang mit einer gestörten Stimme kann die fallbezogene Einzelarbeit abgeleitet werden.

1.3 Zusammenfassung

In diesem Kapitel wurde die Stimme zunächst auf evolutionstheoretischer Ebene als Sekundärfunktion des Kehlkopfes mit seiner das Überleben schützenden Funktion dargestellt. Ursachen für eine gestörte Stimme wurden in einem multifaktoriellen Geschehen erkannt. Für das Sprechen in einer guten Stimmlage mit dynamischer und melodiöser Variationsbreite wurde die Indifferenzlage benannt, da eine stimmliche Präsenz in einer ökonomischen Stimmlage sich auf das persönliche Wohlbefinden positiv auswirkt. Anschließend wurden aus kommunikationstheoretischer Perspektive die soziale Funktion der Stimme sowie ihre Wirkkraft in der zwischenmenschlichen Kommunikation hervorgehoben. Bei gestörter Stimme wurde ein individuelles Vorgehen mit fallbezogener Einzelarbeit als sinnvolle Beratungsform erkannt.

2 Die Stimme im Kontext des systemischen Ansatzes

Im Unterricht ist die Stimme ein tragendes Element. Die Lehrkraft „erklärt, referiert, liest vor und führt Gespräche, (...) erzählt, argumentiert, leitet an und moderiert; (...) lobt, ermutigt, ermahnt und schlichtet – und das allein im Unterricht“ (Eberhart/Hinderer 2016, S. 12). Dabei geht es im Unterrichtsgespräch nicht nur um die Vermittlung von Daten, Fakten und Informationen, sondern auch um ein gelingendes Miteinander (vgl. Pabst-Weinschenk 2016, S. 11). Ist die Stimme nicht mehr im Gleichgewicht, werden Lösungen häufig im medizinischen Kontext gesucht. Während medizinische Maßnahmen auf der Grundlage von Diagnosen Ursachenketten beschreibt, Symptome klassifiziert und Lösungen für die Behandlung einer Störung in Form von Therapie nach linear-kausaler Vorstellung vorgibt, fokussiert der systemische Ansatz ein anderes Denken, das im Folgenden vorgestellt wird.

2.1 Der systemische Ansatz

Der systemische Ansatz verfolgt das Ziel, „mit komplexen Phänomenen gegenstandsgerecht umzugehen“ (Ludewig 2009, S. 13). Dazu greift der Ansatz auf verschiedene theoretische Entwicklungen zurück, wie die Systemtheorie (vgl. Bertalanffy 1968), die Chaostheorie (vgl. Prigogine/Stengers 1981) und die Differenztheorie von Spencer-Brown (1997), die auf einer konstruktivistischen Grundhaltung (vgl. von Glaserfeld 1997) das systemische Denken leiten. Zudem sind für die Beobachtung der gestörten Lehrerstimme im Unterricht die Theorie sozialer Systeme von Luhmann (1984) und das Autopoiesekonzept von Maturana und Varela (1984) relevant.

Ein System kann nach Ludewig (2009) zunächst ganz allgemein definiert werden, „als ein von seiner Umwelt abgegrenztes Gebilde, das aus Elementen und ihren Relationen besteht“ (Ludewig 2009, S. 34). Einzelelemente, Beziehungszusammenhänge, Aktivitäten und Grenzen lassen ein funktionales Gefüge entstehen, das ein System mit beobachtbaren Strukturen und Mustern in Erscheinung treten lässt. Was als System erkannt wird, liegt im Auge des Betrachters, der im Sinne der Kybernetik zweiter Ordnung (vgl. von Foerster 1993; 1999) nicht außerhalb des Systems steht, sondern Teil der Beobachtung ist. Luhmann (1984) unterscheidet Systeme hinsichtlich ihrer Operationsweise in Maschinen, biologische, psychische und soziale Systeme (vgl. Luhmann 1984, S. 16). Während die Abläufe in technischen Systemen kausal erfolgen und nach dem Ursache-Wirkungs-Prinzip erklärt werden können (vgl. ebd., S. 607ff.), handelt es sich bei biologischen, psychischen und sozialen Systemen um komplexe dynamische Systeme, deren Prozessabläufe zirkulär organisiert sind, also „eine Folge von Ursachen so zueinander in Beziehung steht, daß [sic!] auf die Anfangsursache zurückgewirkt wird“ (Simon et al. 1984, S. 203).

Basierend auf Luhmanns theoretischen Betrachtungen beschreiben nicht Personen oder Elemente ein System, sondern die Operationen der als zugehörig erkannten Elemente lassen es in Erscheinung treten. Prozesse der Selbstorganisation (vgl. Maturana / Varela 1984) markieren die Grenze eines Systems zur Umwelt, welches aufgrund von operationaler Geschlossenheit den Selbsterhalt (Autopoiese) anstrebt. Der Erhalt der systemeigenen Identität sichert das Überleben und setzt als notwendige Voraussetzung die Abgrenzung von Innen (System) und Außen (Umwelt) voraus. Gleichzeitig sind operativ geschlossene Systeme strukturell mit ihren relevanten Umwelten gekoppelt. Soziale Systeme operieren mit Kommunikationen und sind nicht unabhängig von ihren überlebenswichtigen Umwelten zu denken, brauchen also psychische Systeme zum Überleben. Psychische Systeme operieren mit Gedanken und sind auf strukturelle Kopplung mit sozialen Systemen angewiesen. Beide Systemtypen sind wiederum auf das Körpersystem und seine Funktionen angewiesen. Geschlossenheit und Offenheit der Systeme schließen sich also gegenseitig nicht aus. Zu den Besonderheiten sozialer und psychischer Systeme zählt, dass sie sich durch das Operieren mit Sinn von anderen lebenden Systemen abgrenzen (vgl. Luhmann 1984, S. 92ff.). Dadurch können sie in Co-Evolution treten und bei ähnlichem Sinnverstehen zu Interpenetration, also dem Durchdringen der Systeme mit gemeinsamen Driften, führen (vgl. Schlippe / Schweitzer 2013, S. 119).

Die Stimme einer Lehrkraft im Unterricht realisiert sich auf diesen drei Systemebenen. Als Element des Körpers zählt die Stimme zum biologischen Systembereich: ohne Atmung kein Leben, ohne Kehlkopf keine Stimmgebung, ohne Artikulation kein Sprechen und ohne Sprechakt keine Kommunikation im Unterricht. Körperliche Prozesse wollen das Leben und Überleben sichern und werden auch als gelebtes Leben bezeichnet (vgl. Schlippe/Schweitzer 2015, S. 16). Neben funktionsfähigen Körperstrukturen spielen für einen guten Einsatz der Stimme im Unterricht auch Aspekte der Persönlichkeit eine Rolle. Sie werden dem psychischen System zugeordnet und verwirklichen sich auf kognitiv-emotionaler Ebene durch Bewusstseinsprozesse, also durch Wahrnehmungen, Gedanken und Gefühle, welche der Ebene des erlebten Lebens entsprechen (vgl. ebd., S. 16). Die Stimme als Element des sozialen Systems Unterricht, das durch den Prozess der Kommunikation in Erscheinung tritt, realisiert sich durch die Art und Weise, wie eine Lehrkraft die Unterrichtssituation stimmlich verbal bewältigt. Dabei werden Gesprächsinhalte und der Umgang mit Gesprächspartnern von Mensch zu Mensch anders gestaltet. Daher kann auch von erzähltem Leben gesprochen werden (vgl. ebd., S. 16). Alle drei Systemtypen sind autonom, selbstreferentiell und operational geschlossen sowie mit der Fähigkeit zur Selbstorganisation ausgestattet (vgl. Maturana/Varela 1984; Luhmann 1984). Sie sind füreinander Umwelten und stellen zusammen einen „ganzheitlichen Zusammenhang von Teilen [dar], deren Beziehungen untereinander quantitativ intensiver und qualitativ produktiver sind als ihre Beziehungen zu anderen Elementen. Diese Unterschiedlichkeit der Beziehungen konstituiert eine Systemgrenze, die System und Umwelt des Systems trennt" (Willke 1993, S. 282). Der außenstehende Beobachter kann aus systemischer Perspektive den Blick auf die Stimme einer Lehrkraft im Unterricht auf die Unterscheidung von Unterrichtssituation, Lehrerpersönlichkeit und Körperfunktion richten und jedes der drei Systeme als strukturdeterminiert und autopoietisch mit selbstreferentiellen Ablaufprozessen bei operationaler Geschlossenheit deuten. Jedes dieser Systeme operiert autonom. Durch strukturelle Kopplung sind sie informationell füreinander offen, so dass sie sich im Rahmen ihrer Co-Evolution gegenseitig durch wechselseitige Verstörungen (Perturbationen) beeinflussen.

Im Folgenden wird das Augenmerk auf Interaktionen, Muster und Prozesse gerichtet, die in der Unterrichtssituation das Symptom der gestörten Stimme hervorgebracht und zu einem Beratungsbedarf geführt haben könnten. Dazu werden die drei Kontexte näher beleuchtet und neben der Abbildung der Stimme in ihren Umweltbezügen Hypothesen über mögliche Problementstehungsmuster und Wechselwirkungen entwickelt.

2.2 Erzähltes Leben: Die Stimme im Kontext von Unterricht

Soziale Systeme können nach Luhmann (1984) in Interaktionen, Organisationen und Gesellschaften differenziert werden (vgl. Luhmann 1984, S. 16ff). Das größte soziale Kommunikationssystem ist die Weltgesellschaft, das kleinste ein Interaktionsakt zwischen zwei Kommunikationspartnern, dazwischen liegt die Form der Organisation (vgl. ebd., S. 16). In Abgrenzung zum materiellen Verständnis einer Organisation im Sinne eines Gebäudes erläutert Simon (2007), dass sie nicht von dinglicher Existenz ist. Stattdessen handelt es sich um „Prozesse, die nur die Zeit überdauernd bestehen bleiben, wenn sie immer wieder aufs Neue realisiert, d. h. fortgesetzt werden" (Simon 2007, S. 16). Schule kann demnach als Form der Organisation verortet und als kommunikatives Konstrukt verstanden werden, die durch den Prozess der wiederholenden Kommunikationen ihrer Mitglieder immer wieder neu erschaffen wird. Zur Reduktion der Fülle an kommunikativen Möglichkeiten filtern Schulen Kommunikationen nach einem spezifischen Code, der Leitdifferenz (vgl. Luhmann 1984, S. 55–57). Sie ist eine Art Sinngrenze, nach der Informationen unter dem Aspekt brauchbar/nicht brauchbar erfasst und innerhalb des Systems verarbeitet werden, was zu einem informationellen Komplexitätsgefälle führt (vgl. ebd., S. 34ff). Schulen filtern kommunikative Möglichkeiten nach den Aspekten Erziehung und Bildung (vgl. Beschluss der Kultusministerkonferenz 2000), so dass sich ihre Kommunikationsprozesse um den Bildungsauftrag herum organisieren, folglich sich ihre Kommunikationsinhalte von denen anderer Institutionen unterscheiden. Eine differenzierte Beschreibung über den Bildungsauftrag von Schulen nehmen Hubrig und Herrmann (2012) vor:

> „Das allgemeine Ziel im Gesamt der produzierenden ‚Lernstätten' des Schulsystems ist zum einen, die kulturellen Qualifikationen, welche die Gesellschaft braucht, an die nächste Generation weiterzugeben, zum anderen und Eigentlichen, jedem Menschen ein selbstbestimmtes, menschenwürdiges Leben zu ermöglichen."
> (Hubrig/Herrmann 2012, S. 11)

Mit dem Auftrag von Erziehung und Bildung erfüllt der Beruf von Lehrerinnen und Lehrern also eine wichtige gesellschaftliche Aufgabe.

Der Bildungsauftrag an Schulen erfolgt im Kontext von Unterricht. Unterricht kann als Subsystem des sozialen Systems Schule verstanden werden. Die klassische Unterrichtssituation an Schulen besteht aus dem Unterrichtsgespräch zwischen Lehrkraft und Lernenden. Im Sinne der Systemtheorie handelt es sich bei der Lehr-Lernsituation um ein soziales System, das durch den Prozess der Kommunikation in Erscheinung tritt. Das Ziel von Unterricht ist, Bildung durch Wissensvermittlung im jeweiligen Unterrichtsfach zu erreichen, um den Lernenden einen Weg zu einem Bildungsstand zu öffnen, der die Teilhabe und aktive Mitgestaltung an der Gesellschaft ermöglicht. Die Leitdifferenz des Unterrichts orientiert sich am jeweiligen Unterrichtsfach und führt entsprechend des Fachthemas zur Spezialisierung von Kommunikationen. Kommunikation im Unterricht ist nach Luhmann dann realisiert, wenn verstanden wird, dass eine Information mitgeteilt wurde (vgl. Luhmann 1984, S. 110). Verstehen wiederum setzt voraus, dass Lehrende und Lernende die Aufmerksamkeit auf den Prozess der Kommunikation richten (vgl. Luhmann 1984, S. 203). Kommunikation im Unterricht findet also dann statt, wenn die Aufmerksamkeit von Lehrkraft und Schülern auf den Kommunikationsprozess gerichtet ist, eine Information als Mitteilung verstanden wird und zu einer Zustandsänderung beim Adressaten führt (vgl. ebd., S. 203). Dabei ist das verbindende Medium zwischen psychischem und sozialem System die gesprochene Sprache. „Sprache ist ein Medium, das sich durch Zeichengebrauch auszeichnet. Sie benutzt akustische bzw. optische Zeichen für Sinn“ (ebd., S. 220). In der gesprochenen Sprache sind Sprechzeichen und stimmlicher Klang strukturell gekoppelt (vgl. Maturana / Varela 1984, S. 110) und koordinieren im Unterricht das Verhalten von Lehrkraft und Schülern durch Sinngebungsprozesse. Sinn bezeichnet „die Kriterien eines Systems, nach denen Dazugehöriges und Nichtdazugehöriges unterschieden und damit die selektive Beziehung zwischen System und Umwelt definiert wird“ (Simon et al. 1984, S. 302). Luhmann geht davon aus

> „daß [sic!] in allen Sinnerfahrungen zunächst eine Differenz vorliegt, nämlich die Differenz von aktual Gegebenem und auf Grund dieser

> Gegebenheit Möglichem. Diese Grunddifferenz, die in allem Sinnerleben zwangsläufig reproduziert wird, gibt allem Erleben Informationswert." (Luhmann 1984, S. 111)

Sinngebungs- und Sinnverarbeitungsprozesse erfolgen im Unterricht in sachlicher, zeitlicher und sozialer Dimension (vgl. ebd., S. 112f.). Den sachlichen Sinn von Unterricht stellt das jeweilige Fachthema. Entlang dieser Sinngrenze baut sich das Unterrichtsgespräch auf mit dem Ziel, Informationen zu erzeugen, die für die Lernenden einen Unterschied bedeuten, also eine neue, anschlussfähige Information darstellen. Die sachliche Ebene der Kommunikation entspricht nach Watzlawick et al. (1996) der inhaltlichen Ebene von Kommunikation und wird aus kommunikationstheoretischer Perspektive auch als linguistische Ebene bezeichnet (vgl. Amon 2004). Stimmlich erzeugt der Sprechende auf dieser Ebene durch Heben und Senken der Stimmlage Betonungen und gibt Auskunft über die Sprechabsicht (vgl. ebd., S. 24ff.). Dabei wirkt eine monotone Sprechmelodie negativ, eine melodiöse Stimmgebung dagegen positiv. Der variable Einsatz von Tonhöhe und Lautstärke in einer dem Sachgegenstand angemessenen Stimmlage hinterlässt beim Hörer einen kompetenten, aufgeschlossenen und selbstbewussten Eindruck vom Sprecher (vgl. Kapitel 1.2).

Neben der Sachebene kann Kommunikation im Unterricht auch unter dem zeitlichen Aspekt beschrieben werden. Die zeitliche Ebene bezieht sich auf Themen der Vergangenheit, Gegenwart und Zukunft:

> „Man kann sich an frühere Beiträge zum Thema erinnern. Themen sind alt oder neu, schon langweilig oder noch interessant, und all dies möglicherweise für verschiedene Teilnehmer in verschiedener Weise." (Luhmann 1984, S. 214)

Demnach hat eine Lehrkraft Komplexität nicht nur auf sachlicher, sondern auch auf zeitlicher Ebene zu organisieren. Dies geschieht vor dem Hintergrund, dass nicht die Sprechabsicht der Lehrkraft über das Gelingen von Kommunikation im Unterricht entscheidet, sondern die Passung einer Information an die zeitlich biographisch erworbenen inneren Strukturen der Lernenden, die vergangenheitsabhängig das Mitteilungsverstehen mit Bedeutung versehen. So sind auch stimmliche Klangerfahrungen in den inneren Strukturen der psychischen Systeme abgespeichert (vgl. Hammer 2007, S. 44–46).

Stimmlich kann die Lehrkraft im Unterrichtsgespräch lediglich an vorhandene Erfahrungen bei den Lernenden anknüpfen und bestehende Einstellungen bestätigen, verstärken oder entkräften (vgl. Tormin / Bock 2018, S. 25). Das Verständnis von Wortbeiträgen, strukturell gekoppelt mit dem Stimmklang, bleibt im Unterrichtsgespräch daher eine autonome Leistung des Empfängers.

Die dritte Sinnebene von Kommunikation ist die Sozialdimension. Diese zeigt sich darin,

> „daß [sic!] Kommunikationen als sichtbares Handeln die Teilnehmer mehr oder weniger binden. Das heißt: daß [sic!] sie mit Kommunikationen auch etwas über sich selbst aussagen, über ihre Meinungen, ihre Einstellungen, ihre Erfahrungen, ihre Wünsche, ihre Urteilsreife, ihre Interessen. Kommunikation dient auch dem Sichpräsentieren, dem Sichkennenlernen (…).“ (Luhmann 1984, S. 215)

Die soziale Dimension der Kommunikation stellt persönliche Informationen über die Lehrkraft zur Verfügung. Kommunikationstheoretisch handelt es sich um die paralinguistische Ebene der Kommunikation (vgl. Amon 2004, S. 24ff.), zu der auch der stimmliche Einsatz bzw. der Tonfall zählt, mit dem die Lehrkraft eine Beziehung zu den Lernenden erzeugt. Über den Einsatz von melodiösen, dynamischen und rhythmischen Akzenten verleiht sie ihren Gefühlen und Stimmungen Ausdruck, die die Schüler unbewusst erreichen, was evolutionsbedingt in der sozialen Funktion der Stimme als Affektlaut und Warnsignal begründet liegt (vgl. Kapitel 1.1). Zudem stellt die Stimme Informationen über ihr Geschlecht (Mann oder Frau), ihre körperlichen Voraussetzungen (z. B. erkältet oder gesund) oder ihre Herkunft (z. B. dialektale Färbung) zur Verfügung. Diese weniger beeinflussbaren Merkmale der Stimme zählen zur extralinguistischen Ebene der Kommunikation (vgl. Amon 2004, S. 24ff.).

Kommunikation in der Unterrichtssituation kann also auf sachlicher, zeitlicher und sozialer Sinnebene beschrieben werden. Während die Sprechabsicht einer Lehrkraft vom Bildungs- und Erziehungsauftrag bestimmt wird, hängt der Anschluss von Kommunikation zum einen von der gemeinsamen Ausrichtung der Aufmerksamkeit von Lehrkraft und Schülern auf das Unterrichtsgespräch ab, zum anderen vom Mitteilungsverstehen der Lernenden, deren informationelle Verarbeitung nur entsprechend der jeweiligen zeitlich-biographischen Lerngeschichte möglich ist. Neben sprachlich-linguistischen

Elementen fließen durch den stimmlichen Einsatz im Unterricht Informationen auf paralinguistischer und extralinguistischer Ebene ein, die für das bessere Verständnis im Folgenden als nonverbale Kommunikation zusammengefasst werden. Nonverbale stimmliche Elemente kommentieren durch Tonfall und Stimmlage verbale Sachverhalte und stellen Informationen über die Absichten der Lehrkraft im Unterricht zur Verfügung. Stimmlich bezieht sich intentionales Sprechen auf den Sachverhalt des Unterrichtsstoffs, auf die Beziehung zu den Lernenden und auf die Beziehung zur eigenen Person.

So gilt es im Unterricht, die sinnverarbeitenden psychischen und sozialen Systeme zu organisieren, indem die Lehrkraft ihre stimmlich-verbale Sprechabsicht in der Art ausrichtet, dass Sinngebungsprozesse mit dem Ergebnis des Informationsgewinns durch Informationsverarbeitung beim Schüler gestaltet wird. Dabei werden die nonverbalen Signale der Stimme von den Schülern unmittelbar verstanden und können zu unbewusst gebildeten Urteilen über die Lehrkraft führen. „Schon durch den ersten Höreindruck von Stimme und Sprechweise erhalten wir ein recht differenziertes „Bild“ von einem Menschen“ (Sendlmeier 2012, S. 108).

Eine weitere Möglichkeit, die Bedeutung der Stimme in der Unterrichtssituation zu verstehen, ist die Beobachtung kommunikativer Regeln (vgl. Schlippe/Schweitzer 2013, S. 138; French/Bell 1977, S. 33). Zu den offenen, formellen Regeln an Schulen zählen z. B. Lehrpläne, die den zu vermittelnden Unterrichtsstoff vorgeben, was nach Watzlawick der Sachebene von Kommunikation entspricht. Neben den formellen Regeln gibt es weniger sichtbare Aspekte der Kommunikation, die informellen Regeln (vgl. French/Bell 1977, S. 33). Diese Aspekte entsprechen nach Luhmann der sozialen Ebene der Kommunikation oder nach Watzlawicks Theorie der Beziehungsebene. Hier werden durch das Stimmverhalten nonverbal Informationen über Aspekte des Miteinanders, Einstellungen, Werthaltungen oder Gefühle eingespielt (vgl. Hammer 2007). Zu den nonverbalen Gestaltungselementen, ausgedrückt durch den prosodischen Einsatz der Stimme (vgl. Hammer 2007, S. 209), zählen Klangfarbe, Tonhöhe, Lautstärke, Sprechtempo und stimmliche Tragfähigkeit (vgl. ebd., S. 203). So kommt durch die Stimmprosodie die eigentliche Sprechabsicht einer Sprachäußerung zum Ausdruck (vgl. ebd., S. 209). Der stimmlich-prosodische Anteil erweitert eine Information um den emotionalen Gehalt, gibt Auskunft über die Befindlichkeit des Sprechers, verleiht dem gesprochenen Wort Bedeutung und entscheidet darüber, wie ein Zuhörer das Gesagte zu verstehen hat (vgl. ebd., S. 209). Da die Interpretation des stimmlichen Verhaltens nicht festgelegt ist, neigt die Stimme in ihrem Mitteilungscharakter zur Uneindeutigkeit. Das wiederum kann Schüler zur Hypothesenbildung einladen, z. B., ob es sich um eine schüchterne, extrovertierte, freundliche, genervte, unsichere oder kompetente Lehrperson handelt und darüber entscheiden, ob eine Lehrkraft als sympathisch empfunden oder abgelehnt wird (vgl. Kapitel 1.2).

Für den Interpretationsspielraum des Stimmklangs können verschiedene Begründungen herangezogen werden. Nach dem Grundsatz von Watzlawick et al. (1996) verhält sich die Stimme so, dass sie „nicht nicht kommunizieren“ (Watzlawick et al. 1996, S. 53) kann, so dass das Sprechen immer auch stimmliche Informationen zur Verfügung stellt. Da sowohl das Medium Sprache als auch das Medium Stimme flüchtig sind, erfahren beide Ebenen erst durch Zuschreibung von Bedeutung einen Sinn. Die Zuweisung von Sinn wiederum ist abhängig von den situativen Rahmenbedingungen sowie den individuellen Voraussetzungen der einzelnen Schüler und deren autonome Verarbeitungsprozesse. Denn:

> „Das beobachtete Verhalten eines Menschen, sei es verbal oder nonverbal, ist Element eines Kommunikationssystems. Es ist eingebettet in eine Interaktions- und Kommunikationsdynamik, die nicht geradlinig kausal von einem der Kommunikationspartner gesteuert werden kann (…).“ (Simon 1995, S. 120)

Zudem zeigt sich das Stimmsystem gegenüber den sprachlichen Elementen beim Sprechen als weichere Realität. Die Stimme passt sich den sprachlichen Zeichen an und wird z. B. beim Flüstern oder im Rahmen einer Heiserkeit ihrer bedeutungsgebenden Funktion entbunden.

So fungiert die Stimme in der Unterrichtssituation nonverbal als soziales Medium unmittelbar im Bereich der Beziehungsgestaltung. Sie gibt ein bestimmtes Beziehungsangebot vor, wodurch die Spielregeln des Miteinanders definiert werden, die abhängig von Gleichheit oder Unterschiedlichkeit der Gesprächspartner symmetrisch oder komplementär sein können (vgl. Watzlawick et al. 1996, S. 78–81). In der Unterrichtssituation kann aus fachlicher Perspektive durch den

Wissensvorsprung der Lehrkraft von einer komplementären Beziehungskommunikation ausgegangen werden, da die Lehrkraft rhetorisch betrachtet nach Pabst-Weinschenk (2016) „situationsmächtig" (ebd., S. 13). ist. Sie plant, setzt Ziele, leitet an, führt das Unterrichtsgespräch, bewertet Leistungen und vertritt die Regeln der Schule. Sorgt die Stimme in der Unterrichtssituation zwischen Wort und Bedeutung für eine kongruente Mitteilung, kann stimmlich stimmige Kommunikation die Komplexität des Mitteilungsverstehens reduzieren und die Verarbeitung von Unterrichtsstoff zur Vermittlung von Wissen als Sprechabsicht der Lehrkraft wahrscheinlicher werden lassen. Dann trägt der stimmliche Anteil im Unterrichtsgespräch nicht nur zur gelingenden Wissensvermittlung, sondern durch ihre soziale Funktion auch zu einer gelingenden Beziehungskommunikation bei. Wird der inhaltliche Aspekt der Kommunikation dagegen durch die Sprechweise der Lehrkraft vernebelt, findet im Unterricht statt Wissensvermittlung Beziehungsdefinition statt. Denn „Bewertungen und Disziplinierungen schaffen (…) nicht gerade ein Klima des Vertrauens, sondern fördern eher Konkurrenzdenken, Täuschungsmentalität und Denunziantentum" (ebd., S. 13).

Folglich hat die Stimme in der verbalen Kommunikation im Unterricht durch ihren Informationsgehalt einen komplexen Mitteilungscharakter. Sie ist strukturell mit den verbalen Sprachzeichen gekoppelt, fungiert als Medium mit kommentierender Funktion auf sachlicher und sozialer Ebene und wird als Element des sozialen Systems im Unterrichtsprozess verarbeitet. Kommentieren sich verbale und nonverbale Ebene im Sinne der Stimmigkeit, steigt die Wahrscheinlichkeit, dass ein Schüler sowohl das Gesagte hört als auch das Gemeinte versteht, weil unbeabsichtigte Zuhörerreaktionen reduziert werden. Kommt es dagegen durch widersprüchliche Aussagen auf verbaler und nonverbaler Ebene zu Differenzen, stehen die Schüler vor der Aufgabe, zwischen den beiden Teilen der Gesamtaussage entscheiden zu müssen. Die Aufmerksamkeit richtet sich dann auf die Bewältigung von Mitteilungen mit paradoxem Charakter (vgl. Simon et al. 1984, S. 69). Werden statt unterrichtsrelevanter Sachinformationen Beziehungsfragen geklärt, entsteht ein neuer Themenordner, der Kommunikationen auf sozialer Ebene filtert mit der Folge, dass der Bildungsauftrag in den Hintergrund tritt.

Für den erfolgreichen Einsatz stimmlich-verbaler Kommunikation im Unterricht bewahren beide Systeme im Idealfall ihre Struktur und ergänzen sich in ihrer kommentierenden Funktion. Eine stimmlich stimmige Gestaltung wird nach Hammer (2007) erreicht, wenn die Sprechstimme bei guter Klangqualität in der Indifferenzlage stattfindet (männlich F-H, weiblich f-h) und der Schallpegel von 70dB bei einer Modulation von einer halben bis ganzen Oktave bei angemessenem Sprechtempo nicht überschritten wird. Je eindeutiger die Codierung zwischen verbaler und nonverbaler Ebene erfolgt, desto leichter kann den Schülern die informationelle Entschlüsselung gelingen. Stimmlich stimmiges Handeln im Unterricht unterstützt dann das Vorhaben, Bildungsprozesse zu gestalten und öffnet Lernenden einen Weg zu Lernerfolg, der die Teilhabe und aktive Mitgestaltung an der Gesellschaft ermöglicht. So hat eine Lehrkraft entsprechend ihres Bildungs- und Erziehungsauftrags im Unterricht sowohl die sachlich-formelle Ebene als auch die sozial-informelle Ebene der Kommunikation zu organisieren, um Sinngebungsprozesse und damit Informationsanschluss in den psychischen Systemen der Lernenden wahrscheinlicher werden zu lassen. Ein souveräner Umgang mit der Stimme in der mündlichen Kommunikation spielt daher im beruflichen Kontext bei Lehrkräften im Unterricht eine wichtige Rolle.

2.3 Gelebtes Leben: Die Stimme im Kontext des Organismus

Wird die Stimme vor dem Hintergrund des biologischen Systems (vgl. Luhmann 1984) beleuchtet, ist die Stimmgebung „eine Funktion, die als eigenständiges tätiges System inmitten vieler anderer Systeme im menschlichen Organismus beschrieben werden kann" (Foecking/Parrino 2015, S. 14). Als Körperfunktion setzt sich die Stimme aus verschiedenen Aktivitäten der Teilfunktionen zusammen, wie z.B. Muskeln, Nerven, Schleimhäute, Knorpel, Sehnen, Atmung, Hören, Fühlen (vgl. ebd., S. 58). Im Verständnis komplexer, dynamischer Systeme (vgl. Maturana/Varela 1984) dienen alle Operationen und Verhaltensweisen zwischen den einzelnen Komponenten dem Systemerhalt mit dem gemeinsamen Funktionsziel der Klangerzeugung durch Stimmgebung. Wegen der Vielzahl von Faktoren, die als Netzwerk interaktiv an der Stimmgebung beteiligt sind, verfügt die Stimme als Ganzheit über große Variationsmöglichkeiten in der Klangbildung. Entsprechend ist der Stimmklang das Ergebnis des wechselseitigen Zusammenspiels der an der Stimmgebung beteiligten Einzelaspekte und „sorgt durch seine vielfältigen Rückkopplungen für das Erreichen und Bewahren eines Eigenwerts, bzw. der Entwicklung und Erhaltung seiner Eigenstruktur (Attraktor)" (Simon 2015, S. 77).

Grenzen der Leistungsfähigkeit sowie individuelle Merkmale der Stimme sind durch anatomische Strukturen größtenteils vorgegeben (vgl. Wirth 1995). Dazu zählen zum einen die Länge der Stimmlippen, die sowohl die Stimmgattung der Lehrkraft als auch den guten Tonraum (Indifferenzlage) bestimmen, zum andere die Form des Ansatzrohres, das den individuellen Klangcharakter der Stimme formt, ergänzt durch die Größe des Stimmapparates, der über das Klangvolumen der Stimme entscheidet (vgl. Hammer 2007, S. 3ff.). Findet das Sprechen mit Leichtigkeit statt, befindet sich die Funktion der Stimme im Gleichgewicht. Dann kann sie sich flexibel an verschiedene Sprechsituationen anpassen. Kommt es dagegen zu einer Klangstörung durch zu hohen oder zu geringen Kraftaufwand, dann liegt ein Ungleichgewicht in der Aktivität von Kehlkopf- und Atemmuskulatur vor und führt zu einem veränderten Ablauf der Stimmlippenschwingung durch ein Missverhältnis von glottischem Widerstand und Atemdruck, was zu einer Leistungseinschränkung des Phonationssystems mit dem Symptom der Heiserkeit führen kann (vgl. ebd., S. 51).

Für die Klangbildung der Stimme spielt folglich das funktionale Zusammenspiel des Organismus eine entscheidende Rolle. Wird dem Organismus beobachtende Funktion zugeschrieben (vgl. Simon 1995), dann kann das Symptom der gestörten Stimme als Unterscheidungsleistung des Organismus erklärt werden (vgl. ebd., S. 94). Der Organismus reagiert entsprechend seiner strukturellen Konstitution auf interne oder externe Ereignisse. Wird ein Ereignis als störender Einfluss (Perturbation) wahrgenommen, leitet der Organismus getroffene Unterscheidungen als Information an das Gehirn weiter und reagiert mit weiteren Veränderungen, die sich in den stimmgebenden Prozessen ausdrücken können. Ob und wie sich ein Stimmsystem verändert, ist dann das Resultat einer Selektionsleistung, die nach Vester (2009) als „Flaschenhalsmodell" (vgl. Vester 2009, S. 90) dargestellt werden kann. Von ca. 10 Milliarden Informationseinheiten aus der Umwelt pro Sekunde werden in etwa nur 100 weiterverarbeitet. Passieren sie den Flaschenhals und kommen im Gehirn an, treffen sie auf bereits vorhandene Strukturen, reagieren und verknüpfen sich mit dem vorhandenen Gedanken- und Erfahrungsmaterial und werden zu neuen Informationen weiterverarbeitet, die wiederum mit etwa 100 Informationseinheiten aus einer Auswahl von 10 Milliarden treffen und Rückwirkung auf die Wahrnehmungsfähigkeit und deren Selektion haben. Aus einer Perturbation kann Anschlussreaktion oder Anschlussverhalten resultieren, das sich dann, bezogen auf die Stimmfunktion, in Stimmklangveränderungen zeigt. So können ein heiserer Stimmklang, ein Anstrengungsgefühl oder ein Engegefühl im Hals als Ergebnis einer Selektionsleistung der vom Organismus getroffenen Unterscheidungen gelesen werden, also als Resultat seiner aktiv beobachtenden Funktion.

Veränderungen in den Abläufen der Stimmfunktion können nach Simon (1995) in zwei Richtungen erfolgen. Zum einen „quantitativ im Sinne einer Über- oder Unterfunktion" (Simon 1995, S. 76) als „Reaktion auf Störungen der systeminternen Abläufe durch Ereignisse außerhalb der Grenzen der jeweiligen zusammengesetzten Einheit (…)" (ebd., S. 75). Hierzu zählen Perturbationen aus der Umwelt des Stimmsystems, die im Rahmen der strukturellen Kopplung in die systeminternen Ablaufprozesse aufgenommen, verarbeitet und als relevante Unterscheidungen im Stimmsystem wirksam werden. Wirth (1995) erkennt Gründe für eine stimmliche Überlastung im Sprechen gegen Lärm als prädisponierenden Faktor (vgl. Wirth 1995, S. 259). Zudem wird Rauchen als signifikante Risikofaktor für die Entwicklung einer Stimmstörung erkannt (vgl. Preciado-López et al. 2008). Zum anderen zeigen sich stimmliche Abweichungen als „Reaktion auf Störungen der systeminternen Abläufe durch Ereignisse innerhalb der Grenzen der als nichtzusammengesetzt betrachteten Einheit (…)." (Simon 1995, S. 75) Körperinterne Ursachen sieht Wirth (1995) in der genetisch bedingten anatomischen Ausprägung des Kehlkopfes, z.B. Hochstand und Asymmetrie des Kehlkopfes, ein langer Hals mit schwacher Muskulatur, eine dicke hoch gewölbt Zunge, eine Engstellung des Ansatzrohres, eine konstitutionell hohe Sprechstimmlage und eine Hochatmung durch eingeschränkte Zwerchfellexkursion (vgl. Wirth 1995, S. 262). Zudem können Stimm- und Sprechtechnik, Körperhaltung, Körperspannung (Tonus), Schulter-, Nacken- und Rückenprobleme, der Zustand von Ansatzrohr, Kehlkopf und Atmung sowie des Gehörs und Probleme mit den Schleimhäuten zu relevanten Unterscheidungen führen (vgl. Wirth 1995; Hoith 1995; Kooijman et al. 2006; Hammer 2007; Foecking / Parrino 2015).

Prinzipiell unterscheiden körperliche Reaktionen nicht zwischen internen oder externen Störungsursachen, da die Nervenzellen nach dem Alles-oder-Nichts-Prinzip funktionieren (vgl. Simon 1995, S. 79–80). Liegt kein Deutungsschema für einen Reiz vor, bleibt er ohne Sinn – es erfolgt keine Reaktion (vgl. ebd., S. 79). Wird ein Ereignis dagegen im Stimmsystem als sinnvoll erkannt, reagiert es entsprechend seiner konstitutionellen Struktur mit funktionellen Veränderungen in den Ablaufprozessen zwischen den einzelnen Systemkomponenten. Um die Stabilität des Systems trotz Perturbation aufrechtzuerhalten, finden innerhalb des operational geschlossenen Systems autonome Gegenregulationsprozesse statt (vgl. ebd., S. 76). Über- und Unterfunktion sind dann das Ergebnis der Verschiebung von Erregung und Hemmung (vgl. ebd., S. 79f.) zu erklären und als systemimmanente Antwort des Stimmsystems auf eine Perturbation zu begründen. Ein Beispiel für das Prinzip der Gegenregulation liefern die Öffnungs- und Schließphasen der Stimmlippen bei der Stimmgebung sowie muskulären Regulationsvorgänge für die Variation von Lautstärke und Tonhöhe: hohe Töne bedeuten viel Muskelspannung, tiefe Töne wenig Spannung, laute Töne benötigen viel Luftdruck für große Schwingungsamplituden, leise Töne weniger Luftdruck für kleinere Schwingungsamplituden (vgl. Hammer 2007, S. 23). Bei einer stimmlichen Überfunktion mit hoher muskulärer Anspannung und dem Resultat eines lauten und hohen Stimmklangs erfolgen die erregenden Funktionen verstärkt oder die hemmenden Funktionen verringert. Die Stimmmuskulatur zeigt eine erhöhte Muskelspannung bei erhöhtem Luftdruck und verliert bei regelmäßiger Musterwiederholung die Fähigkeit, sich zu entspannen. Das Resultat ist eine laute Stimme, die durch einen erhöhten Energielevel der Muskelaktivität schneller zur Erschöpfung neigt. Analog erklärt sich eine Unterfunktion mit einem leisen Stimmklang bei schwacher Muskelspannung und reduziertem Luftdruck durch verringerte erregende oder verstärkte hemmende Interaktionen. Der Selbsterhalt der Stimme mit hohen und tiefen sowie lauten und leisen Klängen ist demnach nur durch widersprüchliche Mechanismen innerhalb der Systemeinheit möglich und somit charakteristisch für das Stimmsystem. Bezogen auf die Muskulatur erreicht eine Stimme nach Fischer (1984) „die optimale Leistung (...) bei rhythmischer Betätigung von Spannung und Entspannung, von Arbeit und Erholung" (Fischer 1984, S. 69). Ist die Stimme im Gleichgewicht, kann sie anforderungsgemäß zwischen

Tonhöhe und Lautstärke variieren, woraus Foecking und Parrino (2015) folgende Definition für eine gute Stimme ableiten:

> „Eine Stimme ist dann physiologisch, funktionell oder gesund, wenn sie dem individuellen Anspruch, den lebenspraktischen, gesellschaftlichen Anforderungen des Patienten genügt, wenn die Stimme flexibel ist und der Mensch sich durch seine Stimme ausdrücken kann." (ebd., S. 91)

So erzeugt der Mechanismus zwischen Spannung und Entspannung der Muskulatur durch Veränderungen des nervösen Zusammenspiels von Erregung und Hemmung im Stimmsystem Anpassungsprozesse, die in ihrem zeitlichen Verlauf akut oder chronisch verlaufen können (vgl. Simon 1995, S. 89–92). Führen Wechselwirkungen im Rahmen des System-Umwelt-Gedankens zu Reaktionen, die das energetische Niveau des Stimmsystems vorübergehend verändern, stellt sich ein akuter Veränderungszustand ein. Als vorübergehende Störung kann ein lautes Rufen auf dem Schulhof oder auch ein stimmintensiver Tag wirken. Es kommt kurzfristig zum Verlust des Systemgleichgewichts, der Homöostase[1]. Das energetische Niveau der Stimme steigt. Bei Reduktion der auslösenden Einflussfaktoren kann das Stimmsystem auf seinen Ursprungszustand zurückfallen, wenn sich Atemdruck und Muskulatur entspannen. Die Stimme ist wieder in ihrem Gleichgewicht. Bleiben auslösende Umweltreize konstant erhalten, wie dauerhaftes Sprechen gegen Umgebungslärm oder ein latent erhöhtes inneres Anspannungsniveau, dann schwingen sich die Abläufe der Stimmlippenaktivität auf einem neuen Energieniveau als Normalzustand ein. Im Sinne der Morphostase[2] zeigt sich bei Wiederholung dann ein neues Stimmmuster als dauerhaftes Reaktionsmuster auf innere oder äußere Perturbationen.

---

[1] Homöostase: „Sonderfall eines Gleichgewichtszustands, bei dem durch Rückkopplungsmechanismen bestimmte Größen (z. B. physiologischer Natur) in einem System konstant bzw. innerhalb bestimmter Grenzen erhalten werden." (Simon et al. 1984, S. 139)
Weiterführende Literatur zum Homöostasebegriff: Cannon (1932); Ashby (1956); Jackson (1957); Dell (1982).

[2] Morphostase ist „die Fähigkeit, eines Systems, seine Struktur in einer sich verändernden Umwelt zu erhalten." (Simon et al. 1984, S. 224–226)

> „Das vom Beobachter feststellbare Ungleichgewicht ist häufig eine Form des Gleichgewichts, d. h. das Resultat eins komplexen Gegenregulations- und Adaptionsprozesses, der zu einem neuen relativen Gleichgewicht geführt hat." (ebd., S. 104)

Folglich bewegt sich das Stimmsystem zum Erhalt der Stimmfunktion zwischen den Polen des Bewahrens und Veränderns, also zwischen Homöostase und Morphostase (vgl. ebd., S. 77). Dabei sind alle Einzelaspekte des Stimmsystems wechselseitigen Einflüssen unterlegen und durch ein komplexes Zusammenspiel der zugehörigen Elemente eng miteinander verbunden. Perturbationen, die zu veränderten Wechselwirkungen zwischen Erregung und Hemmung, zwischen Anspannung und Entspannung führen, versucht das System auszugleichen, um die Kohärenz des Gesamtsystems zu erhalten. Es bewahrt seine Stabilität durch seine Dynamik. Aus systemtheoretischer Perspektive ist eine veränderte Stimmfunktion, die zu Stimmbeschwerden führt, folglich das Ergebnis einer Selektion von Informationsereignissen, die vom Organismus wahrnehmungs- und erfahrungsabhängig als Perturbation im Stimmsystem verarbeitet und mit einer Anschlussreaktion beantwortet wird. Dabei führen wiederholende Ablaufprozesse im Stimmsystem zur Stabilisierung eines Musters auf einem neuen Ordnungsniveau, das bei täglichem Einsatz, wie es die Unterrichtsituation erfordert, sich selbst als Einheit erzeugt und den Selbsterhalt anstrebt. Für einen ungünstigen rekursiven Kreislauf gilt: weil die Lehrkraft ihre Stimme mit viel Atemdruck und Muskelspannung einsetzt, führt die dauerhafte muskuläre Überfunktion zu Stimmbeschwerden, weil die Lehrkraft Stimmbeschwerden als Ergebnis einer muskulären Überfunktion hat, erfordert die Stimmgebung viel Muskelspannung mit erhöhtem Atemdruck. Folglich ist der Stimmklang die passende Antwort des Stimmsystems auf sich in seiner Bezogenheit auf seine relevanten Umwelten, also den konstitutionellen Bedingungen des Körpers, seine Reaktion auf situative Aspekte und die innere Verfasstheit der Lehrperson. Dabei ist der Organismus durch die rekursive Eingebundenheit seiner Elemente in interne und externe Austauschprozesse „nicht in der Lage (...) Wirklichkeit abzubilden oder zu repräsentieren, sondern lediglich in der Lage (...), ein passendes (...) Modell der

Welt zu konstruieren" (Simon et al. 2004, S. 185). Bezogen auf Stimmklangabweichungen als Element des Organismus ist entsprechend der systemischen Denkweise

> „jede Verhaltensweise eines autonomen Systems eine Reaktion auf eine Perturbation durch eine (innere oder äußere) Umwelt. Das gilt auch für die [als] ‚Krankheit', ‚Funktionsstörung' oder ‚Problem' genannten Phänomene (…)." (Simon 1995, S. 89)

Wahrnehmungsvielfalt als Beobachterleistung betrifft dann nicht nur die Art und Weise, über das Symptom der gestörten Stimme mit Klangauffälligkeiten als Zeichen einer veränderten Stimmmusterbildung im Unterricht zu befinden, sondern auch zu sprechen und zu handeln:

> „Kein Phänomen an sich ist ein Symptom. (…). Körperliche, psychische oder soziale Ereignisse oder Zustände werden erst dadurch zu Symptomen, dass über sie kommunizierende Beobachter sie als ‚Symptome' identifizieren oder etikettieren." (ebd., S. 70)

2.4 Erlebtes Leben: Die Stimme im Kontext der Lehrerpersönlichkeit

Eine Lehrkraft wird in der systemischen Denkweise als Beobachter konzipiert, die nach Luhmann (1984) mit einem psychischen System ausgestattet ist, das mit Bewusstheitsprozessen operiert.

> „Menschliches Erkennen ist als biologisches Phänomen nicht durch die Objekte der Außenwelt, sondern durch die Struktur des Organismus determiniert: *man sieht nur, was man sieht.*" (Ludewig 2009, S. 14)

Aus erkenntnistheoretischer Perspektive wird Wahrnehmung als Beobachtungsprozess konzipiert, der nach Spencer-Brown (1997) auf eine doppelte Selektion mit den Operationen des Unterscheidens und Bezeichnens verweist. Durch den selektiven Charakter von Beobachtung findet eine Reduktion der Wahrnehmungsmöglichkeiten statt, woraus eine Einschränkung des Wahrnehmungsfokus resultiert. Die unbeobachtete Seite wird nicht weiter in den ablaufenden Wahrnehmungsprozessen verarbeitet und verschwindet im blinden Fleck der Beobachtung. So entstehen innere Landkarten (vgl. Lewin 1935), die subjektive Konstruktionen von Wirklichkeit enthalten (vgl. Simon

1995, S. 16–17). Innere Landkarten „präformieren und beschränken die mögliche Wirklichkeitserfahrung und sie erlauben, uns in einer komplexen Wirklichkeit zielorientiert zu bewegen." (Huber/Herrmann 2015, S. 75–76) In sprachliche Kommunikation gebracht, geben innere Landkarten Auskunft über die Lerngeschichte eines Menschen und enthalten Beschreibungen, Erklärungen und Bewertungen, an denen sie ihr Denken und Handeln orientieren (vgl. Simon 1995, S. 16–17). Handlung kann dabei alles sein, „was Menschen und sein Menschsein geistig und physisch formt" (Erpenbeck 2016, S. 30). Handlung zeigt sich in drei Perspektiven (vgl. ebd., S. 31), was auf die Unterrichtssituation übertragen Handlung der eigenen Person gegenüber, gegenüber anderen Personen und Sachverhalten gegenüber bedeutet. Bezogen auf stimmliches Handeln im Unterricht hat die Lehrkraft die Möglichkeit, die inhaltlichen Sachverhalte laut oder leise zu vermitteln, mit monotoner oder melodiöser Stimmgebung zu sprechen, mit klarem oder heiserem Stimmklang, das Gesagte stimmlich zu untermalen oder in Frage zu stellen, pausenlos zu dozieren oder Pausen einzuplanen und auf Dialog zu setzen. Den Lernenden gegenüber kann die Lehrkraft mit ruhiger und weicher Stimme Wertschätzung signalisieren oder mit harter und lauter Stimme Geringschätzung ausdrücken. Nicht zuletzt verhält sich eine Lehrkraft immer auch sich selbst gegenüber. Dies kann im Sinne der Selbstfürsorge mit Achtsamkeit erfolgen oder abgekoppelt von inneren Bewegungen und Resonanzen.

Das nötige Handlungswissen ist nach Gergen und Gergen (2009) sozial erworben: „Alles, was wir als real, rational, wahr und wertvoll erachten, geht aus Beziehungen hervor" (ebd., S. 48). Als sinnverarbeitendes System (vgl. Luhmann 1984, S. 92ff.) erfolgt die Reizauswahl des psychischen Systems nach individuellen Relevanzkriterien (Selbstreferenz), also „durch das, was ihm davon für seine eigene Lebensbewältigung als besonders bedeutsam erscheint" (Hüther 2001, S. 45). So entsteht durch die selbstreferentiellen Prozesse an der Grenze des psychischen Systems eine Differenz zur Umwelt, die eine Ich-Perspektive (vgl. Simon et al. 1984, S. 144–146) ermöglicht, aus denen Menschen ihre Identität ableiten (vgl. ebd., S. 144–146).

Das Identitätsgefühl als Aspekt der inneren Landkarte und dessen Bedeutung für das Verhalten einer Lehrkraft im Unterricht haben Schmitz et al. (2006) untersucht. Die Forscher stellen bezüglich der handlungsleitenden Überzeugungen von Lehrkräften fest:

> „Typisch für eine eher überdauernde negative Lehrereinstellung im Sinne eines übergeordneten, verhaltensführenden Wertesystems sind die Präferenzen der sog. Sekundärtugenden Disziplin, Ordnung, Pünktlichkeit, autoritärer Führungsstil etc. und weitgehend änderungsresistente Leitbilder sowie die damit einhergehende Geringschätzung oder Angst vor Veränderung, Entwicklung, Eigenverantwortung (...), weil dieses alles ‚Unordnung' erzeugen könnte. Dagegen bewirkt eine positive Einstellung zu Schülern, ebenfalls als Ausdruck des übergeordneten, verhaltensführenden Wertsystems, positives Lehrerverhalten. Diese wird im Wesentlichen reaktives positives Schülerverhalten evozieren" (Schmitz et al. 2006, S. 131f.).

Einflüsse auf das Handeln im Unterricht untersuchten auch Kooijman et al. (2006) in einer Studie mit 1878 niederländischen Lehrkräften im Alter von 24 bis 64 Jahren. Sie erkannten Stress und negative Gefühle gegenüber der Schülerschaft als handlungsleitende Muster. Ebenfalls auf bedenkliche Muster verweisen die Ergebnisse der Potsdamer Lehrerstudie von Schaarschmidt (2002) und Schaarschmidt et al. (2005). Als Risikomuster mit Einfluss auf die Gesundheit im Lehrerberuf wurden Überforderung und Burn-out erkannt, die für ein hohes Beanspruchungserleben und mangelnde Fähigkeit zur Abgrenzung stehen und somit als physische und psychische Gefährdung für die Lehrergesundheit interpretiert werden können. Ergänzend zu genannten Risikomustern weisen Stimmforscher (vgl. Krumbach 1987; Kinzl / Biebl 1988a; Gundermann 1994; Egger et al. 1992; Mans 1993b; Behrendt 2002) in der Beobachtung von Menschen mit funktioneller Stimmstörung verstärkt auf das Konzept der Alexithymie hin, also der Unfähigkeit eines Individuums, Gefühle adäquat bei sich wahrzunehmen, diese sprachlich präzise auszudrücken und angemessen zu verarbeiten (vgl. Pschyrembel 2001, S. 39).

Das Verhalten einer Lehrkraft im Unterricht kann also durch mentale Muster ihres psychischen Systems geleitet sein. In mentalen Mustern sind Werte gespeichert, die im Prozess des Erkenntnisgewinns durch die Operation des Lernens entstanden sind. Nach Arnold und Erpenbeck ist

> „Lernen (...) Aneignung. Diese ‚lebt' von den Umgangserfahrungen des Subjekts mit sich selbst und seiner Selbstwirksamkeit, seiner Stellung in sozialen Systemen und mit überlieferten bzw. übergebenen Wissensbeständen." (Arnold / Erpenbeck 2016, S. 57)

Der Prozess des Lernens erfolgt durch wechselwirkende Dynamiken zwischen Handlung und Bedeutungsgebung als rekursiver, zirkulärer Prozess mit operationaler Geschlossenheit (vgl. Argyris/Schön 1974). Krizanits (2013) hat diesen Lernprozess verkürzt im Dreischritt Beobachten, Interpretieren und Bewerten dargestellt (vgl. ebd., S. 37). Nach Bateson (1981) können Lernprozesse auf vier verschiedenen Stufen beschrieben werden: Konditionieren, Versuch-Irrtum, Deutero-Lernen und die Neuorganisation von Lerninhalten. Für den Kontext Stimmstörung bei Lehrkräften im Unterricht könnte folgender Beobachtungsfokus auf den gemeinsamen Verlauf der Lerngeschichte einer Lehrkraft mit ihrem sozialen Umfeld aufgespannt werden: Auf Stufe 0 lernt eine Lehrperson eine Unterscheidung im Verhalten. Wenn die Schüler laut sind und stören (Reiz), reagiert sie mit Ärger oder Enttäuschung und steigert die stimmliche Präsenz durch Anheben von Tonhöhe und Lautstärke (Reaktion). Auf Stufe I lernt die Lehrkraft eine Interpretation ihres Verhaltens: Wenn sie sich ärgert oder enttäuscht ist und ihre Präsenz durch ansteigende Tonhöhe und Lautstärke steigert, werden die Lernenden nicht leiser und hören besser zu, sondern der Unruhepegel steigt weiter an, was mit dem funktionellen Nachvollzug von stimmlichen und körperlichen Spannungszuständen bei den Lernenden zu begründen ist (vgl. Fiukowsky 2004, S. 49). Es entsteht ein Muster mit regelhaftem Verhalten. Auf laut folgt laut in Kombination mit Verärgerung. Auf Stufe II lernt die Lehrkraft eine Bewertung ihres Verhaltens: Wenn sie verärgert oder enttäuscht ist und mit erhöhter stimmlicher Präsenz durch gesteigerte Tonhöhe und Lautstärke auftritt, werden die Schüler noch unruhiger und lauter, was sie als Scheitern ihrer Rolle und misslungene Beziehungskommunikation im Unterrichtsgespräch erlebt (Deutero-Lernen). Es findet eine Bedeutungsgebung, eine subjektive Markierung statt.

Handeln im Unterricht ist demnach das Ergebnis von Lernprozessen, die durch die Art und Weise entstanden sind, wie eine Lehrkraft ihre Umwelt wahrnimmt, interpretiert und bewertet. Sie formen die Strukturen des psychischen Systems und können aus zeitlicher Perspektive als Ergebnis ihrer biographischen Lernerfahrungen gesehen werden, bei denen auch Erfahrungen im Unterricht zum Tragen kommen. Das gilt auch für den stimmlichen Einsatz im Unterricht. Die Stimme als Medium verbindet Lehrkraft und Lernende. Sie kann Wirkungen erzeugen, die wiederum Rückwirkungen hervorbringen. Erzeugt die Stimme sympathische Wirkungen, kann der stimmliche Gestus die Einstellung bei den Lernenden positiv beeinflussen. Fachliche Differenzen („du bist hier zum Lernen“) können durch einen freundlichen Tonfall positiv konnotiert werden („ich unterstütze dich beim Lernen“). Die Wirkung der Stimme kann sich öffnend auf die Mitteilungsbereitschaft der Lernenden auswirken und als Rückwirkung zu einem austauschfreudigen Unterrichtsgespräch führen. Durch den kommunikativen Anschluss ist der Lehrkraft eine positive Bewertung der Situation möglich, internes Abwehrverhalten bleibt aus, die Schutzfunktion des Halses stellt sich nicht ein, die Stimme kann flexibel zum Einsatz kommen und durch einen freundlichen Tonfall bei den Lernenden wiederum einen sympathischen Eindruck erzeugen. Der Einsatz der Stimme kann dann zu einem gelingenden Unterrichtsprozess beitragen. Erlebt eine Lehrkraft sich in einer Unterrichtssituation dagegen als machtlos und gescheitert, dann kann aggressives Stimmverhalten durch verbale Auseinandersetzung mit hohem und lautem Sprechen bei den Lernenden ablehnende Wirkung erzeugen und daraus eine kommunikative Paradoxie resultieren: einerseits liegt auf sachlicher Ebene als Sinnelement von Unterricht der Auftrag zum Lernen vor („du bist hier zum Lernen“), andererseits findet in der sozialen Dimension auf Beziehungsebene Entwertung („du bist unfähig zum Lernen“) statt. Es entsteht ein Problem in der Selbstreferenz der Lernenden. Das Gefühl der Zugehörigkeit zum Klassensystem wird gestört und die Identität des Einzelnen als lernfähiger Mensch angegriffen. Der Lernende „wird notgedrungen verwirrt, weil seine Wahrnehmungen nicht miteinander zu vereinbaren sind.“ (Simon et al. 1984, S. 69) Das stimmlich-verbale Verhalten der Lehrkraft ist dann in der Lage, widerständiges Verhalten zu provozieren, was mit Protest oder Rückzug von den Lernenden beantwortet werden kann. Findet durch einen aggressiven Stimmklang z. B. bei verbaler Beschimpfung eine zu starke Störung der vorliegenden Sinnstrukturen bei den Schülern statt, kann daraus Kontrollverlust (Aggression) oder ein Zusammenbruch (Resignation) der vorliegenden Strukturen resultieren. Das Kommunikationsangebot wird abgewehrt und der Anschluss fachlicher Kommunikation bleibt aus, weil die Schüler mit Unterrichtsstörungen reagieren oder die Teilnahme am Unterrichtsgespräch verweigern. Widerstand kann dann als Ausdruck eines nicht anschlussfähigen Kommunikationsangebotes verstanden werden, da die autopoietischen Prozesse eines psychischen Systems den Selbsterhalt anstreben und nur entsprechend dieser inneren Logik im zirkulären Selbstbezug Anschlussverhalten erzeugen können. Das Schülerverhalten kann dann wiederum Rückwirkungen auf die Wahrnehmungs- und Bewertungsprozesse der Lehrkraft haben, die die Unterrichtsituation als schwerfällig, laut oder angespannt erlebt. Es entstehen Verunsicherungen, die bereits vorhandene Fühlmuster wie Versagensängste, hohen Anforderungsanspruch oder Kontrollverlust ansprechen können. Die inneren Schutzmechanismen werden aktiviert, der Halsbereich verschließt sich, das stimmliche Anspannungsniveau steigt, die Stimme wird lauter und höher oder versagt bei Überspannung durch eine Blockade im Hals ganz. Die Folge ist, dass Sprechabsicht und persönliche Erfahrung mit einer negativen Färbung erfolgen. Dann „schnürt sich der Lehrkraft der Hals zu" „es verschlägt ihr die Stimme" oder es zeigt sich „ein Frosch im Hals". Wiederholen sich die Ablaufprozesse, tritt ein neues Muster in Erscheinung, das auf der inneren Landkarte als mentales Modell abgespeichert wird. Dann hat das psychische System der Lehrkraft ein stimmliches Muster gelernt, das Beziehungskonflikte auslösen kann. Diese gestalten sich zum einen nach innen,

> „so dass einerseits abhängige Nähe sorgsam bewahrt wird (…), und andererseits auf aktuelle soziale Konflikte nur ‚unangepasste' Reaktionen erfolgen: Auseinandersetzungen werden ‚um des lieben Friedens willen' vermieden, Ärger wird streng kontrolliert und geschluckt und ‚mit permanenter, ängstlicher Anspannung wird darauf geachtet, möglichst keine Regel zu verletzen'." (Kollbrunner 2006, S. 168–169)

Zum anderen können sich stimmlich provozierte Beziehungskonflikte nach außen zeigen:

> „Die mangelhafte Kompetenz, eigene Gefühle nach außen hin zu zeigen, bedeutet, dass ein zentrales Glied in der zwischenmenschlichen Kommunikation fehlt. (…). Missverständnisse, unausgesprochene Spannungen und Verflachungen in der Beziehung sind dann die Folge." (ebd., S. 175)

Der Austausch über innere Landkarteneinträge kann Auskunft über die gemeinsame Lerngeschichte (Narrativ) von Lehrern und Schülern geben und enthält Informationen über sozial erworbene Beziehungserfahrungen im Unterricht. Sie prägen das Glaubenssystem der Lehrkraft, aus dem Handlungen resultieren, die im Unterrichtsgespräch stimmlich-sprachlich zu hörbarem Ausdruck kommen. Narrative sind nicht starr programmiert, sondern bilden den zeitlichen Aspekt von Kommunikation ab (vgl. Luhmann 1984).

Das Medium Sprache wiederum lebt von seiner Bedeutungsgebung. Bedeutung wird entsprechend der Idee des symbolischen Interaktionismus (vgl. Blumer 1973a) interaktiv erzeugt und bestimmt menschliches Handeln. Wiederkehrende Interaktionen, Muster und Prozesse als Ausdruck eines gemeinsamen Entwicklungsprozesses im Unterricht können struktur- und identitätsbildende Wirkung haben, erzeugen soziale Wirklichkeit (vgl. Gergen / Gergen 2009) und lenken stimmliches Handeln im Unterricht. Aktuelles stimmliches Verhalten einer Lehrkraft zeigt sich dann als Resultat der wechselwirkenden Dynamik von Beobachten, Interpretieren und Bewerten sowohl auf Schüler- als auch auf Lehrerseite. Es ist die individuelle Antwort einer Lehrkraft, wie sie innere und äußere Impulse in der Unterrichtssituation nach konstruktivistischen Erkenntnisprinzipien wahrnimmt und verarbeitet. Im ungünstigen Fall kann die Stimme zum Ort der Krisenvertonung (vgl. Abresch 1988) werden.

> „Da die Stimmfunktion weitestgehend vegetativ gesteuert wird, geschehen Veränderungen der Stimme meist unbewusst. Emotionale Reaktionen werden durch das limbische System gesteuert. Über eine direkte Verbindung zum vegetativen Nervensystem wird der Stimmklang durch Emotionen stark beeinflusst." (Hammer 2007, S. 47)

Führen unwillkürliche Reaktionen zu Unterscheidungen auf stimmlicher Ebene, die die Kommunikationsfähigkeit im Unterricht reduzieren, kann eine selbstständige Dynamisierung des unterwünschten stimmlichen Zustands durch die Autopoiese der mustererzeugenden Austauschprozesse verhindert werden. Fordern starre Muster zum Lernen durch Beratung, Coaching oder Therapie auf, spielt das Deutero-Lernen eine Rolle. Interventionen zielen dann darauf ab, auf der Stufe von Lernen III eine Veränderung der Bedeutungsgebung von Lernen II einzuleiten, indem die Verknüpfung von Handlung und Bedeutung hinterfragt wird. Diese Verknüpfung kann unterschiedlichen Erklärungspfaden folgen (vgl. Hammer 2007). Grundsätzlich reduziert eine Dysbalance im Zusammenspiel der stimmgebenden Strukturen die kommunikativen Möglichkeiten im Unterricht, wodurch Kontakt-, Ausdrucks- und Durchsetzungsfähigkeit eingeschränkt sind (vgl. ebd., S. 54–55). Wird die stimmliche Dysbalance als Kontrollverlust über die Stimmfunktion erlebt, kann die Störung im Unterrichtsgespräch zu Sprechängsten führen (vgl. ebd., S. 54–55). Wird eine gestörte Stimme dagegen als Warnsignal verstanden (vgl. ebd., S. 89), kann sie zur Erkenntnis führen, dass eine Überforderung stattgefunden hat und Auskunft über die Umgangsweise einer Lehrkraft mit ihren stimmlichen Ressourcen geben. Auch kann eine Stimmstörung für die betroffene Lehrkraft einen Gewinn bedeuten (vgl. Foecking/Parrino 2015, S. 86–87). Dann ermöglicht die gestörte Stimme Entlastung, da mit dem Verweis auf die körperliche Erkrankung das Unterrichtspensum vorübergehend reduziert werden muss, was ohne Stimmsymptom nicht möglich wäre. Ein Störungsgewinn liegt auch vor, wenn sie als Legitimation zum Schweigen verstanden wird (vgl. Hammer 2007, S. 89). Die eingeschränkte stimmliche Kommunikationsfähigkeit dient dann als Schutz vor konflikthaften Emotionen sowie als Wunsch nach Abgrenzung und Distanzierung von bedrohlich wahrgenommenen Situationen.

Insgesamt kann stimmliches Handeln im Unterricht als Ergebnis der Wechselwirkungen zwischen handlungsleitenden mentalen Mustern der Lehrperson, ihren körperlichen Prozessen und den Dynamiken in der Unterrichtssituation gelesen werden. Daraus resultierendes Verhalten ist als Aspekt der inneren Landkarte gespeichert und gibt Auskunft über die Lernerfahrungen der Lehrkraft, wie sie die Bewegungen im Unterrichtskontext versteht. Erlebt die Lehrkraft eine Unterrichtssituation als stimmig und bewertet sie positiv oder neutral, kann die Stimme im Unterricht flexibel zum Einsatz kommen und die Lehrkraft sich ihren individuellen Ansprüchen und Anforderungen im Unterricht entsprechend ausdrücken. Nimmt die Lehrkraft eine Unterrichtssituation dagegen als konfliktreich und problematisch wahr, kann die Bewertung der Unterrichtsituation zum Auslöser einer stimmlichen Krise werden. Dann greifen die Mechanismen autopoietischer Systeme und streben nach Selbsterhalt, die sowohl das psychische als auch soziale Systeme betreffen und sich stimmlich auswirken können. Folglich bleibt der Halsbereich einer

Lehrkraft in der Unterrichtssituation abhängig von ihren Wahrnehmungsstrukturen entweder durchlässig, oder seine Schutzfunktion wird aktiviert. Stellt sich letzteres ein, bedeutet eine gestörte Stimme für den Unterricht eine erhebliche Beeinträchtigung des fachlichen Austauschs. Nicht zuletzt stellt eine Stimmstörung ein hohes Gesundheitsproblem dar (vgl. Vilkmann 2004), reduziert die Lebensqualität und kann die Teilhabe am beruflichen Leben gefährden.

2.5 Wechselwirkungen und Co-Evolution

Das stimmliche Erscheinungsbild einer Lehrkraft kann als Ausdruck der wechselseitigen dynamischen Prozesse zwischen den drei autopoetischen Systemen Organismus, Lehrerpersönlichkeit und Sprechsituation gelesen werden. Dabei kann jedes System für das andere gleichzeitig Ursache und Wirkung sein. Im Folgenden werden mögliche Hypothesen über die Co-Evolution der drei Systeme aufgestellt.

Im Unterricht agiert die Lehrkraft im Rahmen ihres Lehrauftrags. Ihr stimmlich-verbales Verhalten und der Umgang mit den Lernenden erfolgen erfahrungsbasiert als Ausdruck ihrer individuell gefärbten Lerngeschichte. An diese knüpft sie im Unterricht an und verarbeitet strukturdeterminiert aktuelle Erlebnisse und Erfahrungen, woraus Handlung resultiert. Handeln kann sich sowohl fachlichen Inhalten gegenüber als auch der Beziehungsgestaltung den Lernenden und sich gegenüber zeigen. Dazu teilt sich die Lehrkraft verbal und nonverbal mit und passt sich abhängig von ihren Ressourcen in ihrem stimmlich-kommunikativen Verhalten kontextspezifisch an die jeweilige Gesprächssituation und ihre Gesprächspartner an. Im Einzelgespräch klingt die Stimme anders als in einem Vortrag vor einer unruhigen Klasse oder in einer hitzigen Diskussion. Das gezeigte stimmliche Verhalten führt zu Reaktionen bei den Zuhörenden. Während sich ein erhöhter stimmlicher Spannungszustand beim Sprechen auf die Zuhörenden überträgt, kann eine stimmliche Unterspannung zum Verlust von Aufmerksamkeit führen. Präsentieren die Lernenden unruhiges oder unaufmerksames Verhalten, kann die Lehrkraft mit Anspannung, Verärgerung oder Verunsicherung reagieren, was in einem über- oder unterspannten Stimmverhalten zum Ausdruck kommt und bei Wiederholung zu einem Stimmproblem führen kann.

Nicht bei jeder Lehrkraft gerät die Stimme in den Fokus der Aufmerksamkeit. Folglich spielen die Beschaffenheit der inneren Landkarte mit Einträgen zu individuellen Verhaltens- und Wahrnehmungsmustern, sozialen Lernerfahrungen im Unterricht sowie Informationen zu Konstitution von Ansatzrohr, Kehlkopf, Atmung und Gehör, also die körperlichen Ablaufprozesse, eine Rolle, ob die Stimme im Unterricht zum Thema wird oder nicht. Auslöser kann die Erfahrung sein, dass die Stimme als Medium im Unterricht nicht mehr situationsangemessen eingesetzt werden kann. Folgende Wirkungen können sich einstellen: Ein Anstrengungsgefühl mit erhöhten Spannungszuständen im Hals wird an das Gehirn als Information weitergeleitet, verarbeitet und führt zu Anschlussreaktionen auf stimmlicher Ebene. Ein verändertes Stimmmuster kann als Perturbation des psychischen Systems wirken, indem es beobachtet, interpretiert und bewertet wird. Erfolgt die Bewertung als unerwünscht oder störend, führen Sprechanstrengung und Missempfindung im Halsbereich auf persönlicher Ebene zu subjektivem Unwohlsein mit Leidensdruck, woraus eine innere Anspannung resultiert, die sich wiederum auf die Spannungszustände von Atmung, Kehlkopf und Ansatzrohr überträgt. Resultiert aus dem entstandenen Muster eine Stimmschonung, erfolgt eine Perturbation des sozialen Systems, wenn es durch Stimmbeschwerden zur Reduktion der Sprechanteile kommt. Schafft die Lehrkraft aufgrund der eingeschränkten Stimmfunktion das Unterrichtspensum nicht, reagiert sie wiederum mit Anspannung und muss ihr Sprechhandeln im Unterricht weiter anpassen, indem sie quantitativ ihre kommunikativen Anteile zunehmend reduziert. Kann die Lehrkraft wegen ihrer Stimmbeschwerden im Unterricht nur noch qualitativ und quantitativ reduziert antworten, wird das Symptom der gestörten Stimme zum Element der Unterrichtskommunikation. Führen anhaltende Stimmbeschwerden zur Krankschreibung durch einen Arzt, fällt der Unterricht ganz aus. Dann wird nicht nur der Anschluss von Kommunikation reduziert, sondern das soziale System Unterricht, das durch seine Kommunikationen in Erscheinung tritt, löst sich auf. Gleichzeitig verleitet ein hörbarer „Frosch im Hals" oder die krankheitsbedinge Abwesenheit der Lehrkraft die Lernenden zur Hypothesenbildung über die Lehrkraft, z. B. über ihren Lebenswandel oder ihre gesundheitliche Konstitution, was zu einer Störung des Kontakts zwischen Lehrkraft und Lernenden führen kann. Denn Stimmstörungen sind nach Kneip (2002, S. 242) immer dialogische Störungen. Aus den Beobachtungen, Interpretationen und Bewertungen des psychischen Systems der Lehrkraft resultiert wiederum stimmliches Handeln mit Wirkungen auf das soziale System Unterricht. Dabei erweisen sich im Kontext der Stimmstörung bei einer Lehrkraft im Unterricht soziales und psychisches System gegenüber der Stimme als Element des Körpersystems, das sich in seiner Funktion anpasst, als härtere Realitäten. Ist die Stimme in ihrer Funktion gestört, kann sie auf persönlicher Ebene im Kontext von Unterricht auf unstimmige Wahrnehmungs- und Fühlmuster nach innen, auf sozialer Ebene auf qualitativ und quantitativ unstimmige Kommunikationsmuster nach außen zu den Lernenden und auf körperlicher Ebene auf unstimmige Schwingungsmuster auf Stimmlippenebene verweisen. Die gestörte Stimme erzeugt sich im Prozess der Stimmgebung zwischen Persönlichkeit, Situation und Organismus selbst und strebt durch rekursive Wechselwirkungen zwischen den drei autonomen und strukturdeterminierten Einheiten als operational geschlossenes System den Selbsterhalt an. Welche Elemente eine Lehrkraft im interaktiven Zusammenspiel von biologischem, psychischem und sozialem System wiederum als bedeutsame Information wahrnimmt und erkennt, hängt von der Konstitution ihres Wahrnehmungsapparates ab. Als gelungen gilt das kommunikative Zusammenspiel dann, wenn Kommunikationsprozesse auf allen drei Systemebenen stattfinden und fortgesetzt werden können. Während die Leitdifferenz der Unterrichtssituation auf Wissen durch Lernen versus nicht Wissen durch nicht Lernen ausgerichtet ist, filtert das Stimmsystem Informationen unter den Aspekten Anspannung und Entspannung. Das psychische System der Lehrkraft greift dabei auf soziale und körperliche Lernerfahrungen zurück. Kann die Lehrkraft wegen einer persistierenden Stimmstörung nicht mehr unterrichten, bleibt der Kommunikationsanschluss aus. Bezogen auf die Unterrichtssituation kann durch das eingeschränkte oder fehlende Unterrichtsgespräch das Wissen in den Köpfen der Lernenden nicht als Potenzial für Veränderung genutzt werden. Das Einspielen neuer Informationen in die internen Verarbeitungsprozesse der psychischen Systeme der Lernenden bleibt aus. Das Prinzip des Bewahrens wird handlungsleitend, die Schülerschaft verharrt auf ihrem aktuellen stofflichen Wissenstand, lernt also nichts Neues. Findet keine Vertretung statt, fällt der Unterricht aus. Das soziale System löst sich auf und der Sinn von Unterricht an Schulen wird verfehlt, da der Bildungsprozess durch die gestörte Stimme unterbrochen ist und Kommunikation nicht erfolgen kann. Auf der Ebene der Lehrerpersönlichkeit kann die Lehrkraft bei wiederkehrender Krankschreibung aufgrund der dauerhaften Stimmbeschwerden nicht mehr unterrichten. Zum einen kann ihr persönliches Wohlbefinden dadurch reduziert sein, zum anderen ist sie als Mitglied der Gesellschaft in ihrer beruflichen und damit auch gesellschaftlichen Teilhabe gefährdet. Auf körperlicher Ebene erzeugt ein für den Unterricht unstimmiges Stimmmuster Missklänge, Unwohlsein, Missempfindungen, die zu vorzeitiger physischer und psychischer Erschöpfung führen und durch Regenerationsphasen wie Sprechpausen oder Krankschreibung reguliert werden müssen. Somit ist das Phänomen der gestörten Stimme als eine Unterscheidungs- und Anpassungsleistung des Organismus zu markieren, die als Zustandsänderung des Stimmklangs beschrieben, mit Bedeutung versehen als Symptom bewertet wird und dann als Element von Kommunikation in den Unterrichtsprozess einfließen kann. Folglich kann für eine dem Gegenstand angemessene Beratung das Symptom der Heiserkeit nicht auf die Beobachtung der Körperfunktion reduziert werden, sondern ist als Ergebnis der Austauschprozesse zwischen der Unterrichtssituation, dem Stimmsystem der Lehrkraft und der Art und Weise, wie die Lehrkraft über das Stimmsymptom befindet, zu beleuchten. Durch Co-Evolution der drei Systeme findet in der Unterrichtsituation eine Musterspezialisierung in drei verschiedenen Sinnbereichen statt und erzeugt durch die gemeinsame Lerngeschichte das Symptom der gestörten Stimme als eine Möglichkeit, die Komplexität des Unterrichtsgeschehens zu reduzieren. Was beobachtet wird, kann als Information in Kommunikation gebracht werden, was nicht beobachtet wird, verschwindet im blinden Fleck der Beobachtung. Für die Bedingungen des Gelingens stimmlich stimmiger Kommunikation im Unterricht kann für Lehrkräfte angestrebt werden, die Rahmenbedingungen im Unterricht so zu gestalten, dass sie die Vermittlung von Fachwissen auf der Basis stimmlich stimmiger Kommunikation als Beitrag zu einer tragenden Beziehung zu sich selbst, zu den Lernenden sowie ihrem Stimmsystem so gestaltet, dass sie Wertschätzung und Kompetenz auszudrücken vermag. Haben im Unterricht selektive Unterscheidungsprozesse zu einer Musterbildung geführt, die von der betroffenen Lehrkraft als unbefriedigend oder problematisch empfunden werden, ist ein selbstorganisiertes Problemsystem (vgl. Goolishian/Anderson

1997) entstanden, das aufgrund der Eigenschaften komplexer dynamischer Systeme die Fähigkeit besitzt, sich durch seine eigenen Elemente selbst zur erschaffen und aufrecht zu erhalten. Können die rekursiven und zirkulären Kräfte, die das Problemmuster statisch erscheinen lassen, nicht eigenständig dynamisiert werden, führt es zu einem Beratungsbedarf. Für eine Dynamisierung des Stimmsymptoms wird das systemische Coaching als angemessene Beratungsform vorgeschlagen.

2.6 ZUSAMMENFASSUNG

Im 2. Kapitel wurde das Symptom der gestörten Stimme einer Lehrkraft im Unterricht aus systemtheoretischer und erkenntnistheoretischer Perspektive erklärt. Es wurde festgestellt, dass sich die Deutung des Phänomens der gestörten Stimme abbilden lässt als Ergebnis der Co-Evolution zwischen der Unterrichtssituation, der stimmlich muskulären Situation im Hals der Lehrkraft und der mentalen Beschaffenheit ihres Wahrnehmungsapparates. Beziehungsgestaltung auf den drei Systemebenen wurde als Möglichkeit erkannt, stimmlich stimmigeren Unterricht zu gestalten. Für eine der Komplexität des stimmlichen Sachverhalts angemessene Beratungsform wurde zur Lösung des Stimmproblems das systemische Coaching empfohlen.

3 Systemisches Coaching

Dieses Kapitel unternimmt den Versuch, eine Rahmung des systemischen Coachings in der Beratung von Lehrkräften mit dem Symptom der Stimmstörung im Unterricht vorzunehmen. Es handelt sich um keinen festen Handlungsplan, sondern um eine Auswahl möglicher Elemente, systemtheoretisches Wissen praktisch nutzbar zu machen. Dazu werden im Folgenden Denken, Einstellung und Haltung in der Coachingrolle sowie die Bedeutung von Intervention, Fragen und Reflexion im systemischen Ansatz vorgestellt.

3.1 Begriffsbestimmung

Im systemischen Ansatz wird die Lehrkraft im Sinne der Selbstorganisation als autonome Einheit konzipiert. Innere Bewegungen sind weder der beratenden noch der ratsuchenden Person gänzlich einsehbar. Deswegen werden individuelle Fragestellungen auf beobachtbare Interaktionen, Prozesse und Muster hin untersucht, wozu ein soziales System eingerichtet wird, das Beratungssystem (vgl. Königswieser/Exner 2008). Es stellt einen Raum dar, in dem der Lehrkraft selbstgesteuertes Lernen ermöglicht wird (vgl. Arnold 2015, S. 70–71). Der Lösungsfokus kreist nicht um die Frage, warum die Stimme der Lehrkraft im Unterricht zum Problem geworden ist, sondern wie das Stimmproblem interaktiv als Ausdruck eines gestörten Gleichgewichts entstanden ist und aufrechterhalten wird. Es wird am konkreten Problem der Lehrkraft in ihrem Unterrichtsalltag angesetzt, um in einem gleichwertigen Dialog soziales Handeln zu ermöglichen, das zu neuen Erkenntnissen führt. Da das Symptom der gestörten Stimme mit der Unterrichtssituation verbunden ist, gehört die Fragestellung der gestörten Lehrerstimme zum Professionsfeld des systemischen Coachings, worunter Lauterbach (2018) folgendes versteht:

> „Unter ‚Coaching' wird (…) die 1:1 Beratung von Menschen verstanden, die ihre berufliche Situation und ihren persönlichen Umgang mit beruflichen Herausforderungen reflektieren wollen und sich dafür einen Fachmann bzw. eine Fachfrau gönnen." (Lauterbach 2018, S. 13)

Radatz (2010) erweitert die Definition inhaltlich und gibt zu bedenken:

> „Systemisches Coaching ist (...) Beratung ohne Ratschlag – eine Beziehung zwischen Coach und Coachee, in der der Coach die Verantwortung für die Gestaltung des Coachingprozesses und der Coachee die inhaltliche Verantwortung übernimmt – also die Verantwortung dafür, an seinem Problem zu arbeiten." (Radatz 2010, S. 16)

An späterer Stelle ergänzt sie, dass es in der Zusammenarbeit mit ratsuchenden Personen darum geht, „maßgeschneidert mit ihnen an konkret anstehenden Problemen zu arbeiten und diese in möglichst effizienter Zeitnutzung zu lösen" (ebd., S. 16). Beim Coachingsystem handelt es sich um ein komplexes, autonomes, selbstreferentielles soziales System, dessen zeitliche Existenz durch einen Beratungsvertrag formal besiegelt wird und das den Aufmerksamkeitsfokus auf den Beratungsgegenstand, das Stimmsymptom im Unterricht, bündelt. Für die Bearbeitung des Anliegens wählt die Lehrkraft den Coach frei aus und finanziert dessen kommunikative Dienstleistung.

3.2 Systemisches Denken über Probleme

Aus systemischer Perspektive hat eine Lehrkraft keine Stimmstörung, sondern zeigt ein gestörtes Stimmverhalten (vgl. Schlippe/Schweitzer 2015, S. 15–17), das Verhaltensvariationen impliziert, die in Kommunikation gebracht werden können. Nimmt die Lehrkraft ein Problem mit ihrer Stimme wahr und interpretiert es als Stimmstörung, resultiert aus der getroffenen Unterscheidung eine eingeschränkte Wahrnehmung auf den stimmlichen Sachverhalt. Sieht die Lehrkraft sich nicht in der Lage, an ihrem stimmlichen Zustand etwas zu ändern, kann sich im Unterricht das Gefühl der Hilflosigkeit oder Handlungsunfähigkeit einstellen und sich ungünstig auf den Unterrichtsprozess auswirken. Sucht eine Lehrkraft ein Einzelcoaching auf, kennt sie das Ziel, nämlich eine funktionstüchtige Stimme, die den alltäglichen Unterrichtsanforderungen standhält. Daher kann eine Hauptaufgabe darin gesehen werden, der ratsuchenden Lehrkraft den Zugang zu ihren vorhandenen Ressourcen wieder zu verschaffen. Denn systemisches Denken geht davon aus, dass eine Lehrkraft, die ein problematisches Stimmverhalten zeigt, grundsätzlich auch die nötigen Lösungsressourcen besitzt, welche ihr aufgrund sozialer oder interner Hindernisse aktuell noch nicht zur Verfügung stehen (vgl. Schlippe/Schweitzer 2013; Levold/Wirsching 2016). Ziel ist dann, mit Hilfe der Erzählungen herauszufinden, wodurch Struktur und Muster des Stimmproblems im Unterricht entstanden sind und die Bedeutungsgebungen der beteiligten psychischen Systeme zu erforschen, was zusammen nach Goolishian und Anderson (1997) das Problemsystem ergibt. Dazu werden Fragen zu kontextspezifischem Verhalten und nach Fähigkeiten gestellt, die zur Verflüssigung von Verhalten führen können. Auch werden Wechselwirkungen und die Mitverantwortung der Beteiligten im Unterricht für die Aufrechterhaltung des symptomatischen Stimmverhaltens fokussiert. Zudem werden Lösungsressourcen exploriert, so dass aus einer veränderten situativen Wahrnehmung heraus ein Unterschied im Denken über den Sachverhalt erzeugt wird. Interpretationen und Bewertungen der Lehrkraft können sich dadurch verändern und zu neuen Handlungsoptionen im Umgang mit dem Stimmproblem führen. So fragt der systemische Ansatz nach den Zuschreibungen, die die Wahrnehmungen der Lehrkraft im Unterricht regulieren. Es werden Prozesse hinter dem Stimmphänomen beleuchtet, die dem heiseren Stimmverhalten den Charakter der Festigkeit verleihen und zur gelebten Wirklichkeit wird. Die Arbeit mit sprachlichen Äußerungen hat den Vorteil, dass sie intersubjektiv zugänglich sind. Die coachende Person kann zuhören, wenn die Lehrkraft mitteilt, was sie denkt, wie sie ihr Stimmproblem erklärt und welche Schlussfolgerungen sie für ihr Handeln daraus zieht. Da es sich bei Beschreibungen um subjektive und selektive Erkenntnisleistung eines Wahrnehmungsapparates handelt, können Beschreibungen durch andere Beschreibungen ersetzt werden. Eine andere Beschreibung allein verändert noch nicht das Symptom der gestörten Stimme, kann aber dazu führen, dass die Lehrkraft das Stimmsymptom kognitiv und emotional andres wahrnimmt, daher andere Vorstellungen und Gefühle erzeugt, was wiederum Auswirkung auf das stimmliche Handeln in der Unterrichtssituation haben kann. Der Fokus auf Ressourcen und Lösungen stellt somit den Kern systemischen Coachings dar, der den Weg öffnet, dass die ratsuchende Lehrkraft auf der Basis ihrer Fähigkeiten ihr Stimmproblem selber lösen kann.

3.3 Systemische Einstellung und Haltung

Die Haltung der coachenden Person baut auf einem konstruktivistischen Verständnis auf, das Wissen als Ergebnis einer individuellen und selektiven Wahrnehmungsleistung und damit als Konstrukt anerkennt. Der ratsuchenden Lehrkraft gehört die Expertise für ihr Anliegen. Deswegen fungiert die coachende Person als anregende Gesprächspartnerin, hört in einer neugierigen und wertschätzenden Haltung des Nichtwissens aufmerksam zu und hinterfragt vorsichtig suchend Denkgewohnheiten, mit denen die Lehrkraft das Stimmsymptom erklärt und bewertet. Sie stellt Hypothesen auf, die das Stimmproblem mit den ungenutzten Ressourcen der Lehrkraft verknüpfen, um neue Zusammenhänge zu erschließen und weitere Handlungsmöglichkeiten zu eröffnen (vgl. Schlippe/Schweitzer 2013, S. 204). Lösungsideen gegenüber zeigt sich die coachende Person neutral (vgl. ebd., S. 206). Folglich tritt inhaltliches Wissen hinter Prozesswissen, das Prinzip der Steuerbarkeit und Kontrolle wird abgelöst von der Idee der Verstörung und Anregung, die die ratsuchende Lehrkraft ausgleichen muss und selbstgesteuertes Lernen ermöglicht. Indem die coachende Person ihre fachliche Expertise zur Verfügung stellt, wird ein teilhabeorientierter Beratungsraum geschaffen, in dem Informationen erzeugt werden, die an die Lerngeschichte der Lehrkraft anschließen und als Perturbation für ihr Stimmsystem und ihr kommunikatives Verhalten im sozialen System Unterricht wirken können. Mit einer Kommunikation, die an das aktuelle Wissen der Lehrkraft anknüpft, mit Vertrauen auf ihre Fähigkeiten zur Selbstorganisation, dem Fokus auf Ressourcen und Lösungen sowie einer Gelassenheit der Prozessentwicklung gegenüber steigt die Wahrscheinlichkeit, dass ein lebendiger Austausch im Coachingsystem stattfindet und Wandel im Denken, Fühlen und Handeln der Lehrkraft angeregt werden kann. Sieht die Lehrkraft keinen Veränderungsbedarf oder findet keine kommunikative Annäherung statt, zeigt sich das Prinzip der operationalen Geschlossenheit. Widerstand versteht die coachende Person als mangelnde Passung ihres Kommunikationsangebotes, das die Lehrkraft, als Angriff auf ihre gedankliche Identität verstanden, ablehnen muss, damit die Autopoiese der vorhandenen Gedankenstrukturen fortgeführt werden kann. Findet keine Veränderung statt, gilt das Prinzip der Neutralität. So handelt es sich im Coachinggespräch um die Präsentation von Wahrnehmungsmöglichkeiten über einen Sachverhalt, woraus ein wertschätzender Umgang für Perspektivenvielfalt formuliert werden kann. Unterschiedliche Standpunkte verweisen auf die Vielseitigkeit, wie das komplexe Phänomen der gestörten Stimme in der Unterrichtssituation auch noch verstanden werden kann. Somit stellt Perspektivenvielfalt keine Wahrheits- sondern eine Möglichkeitsperspektive dar, was einer Sowohl-Als-Auch Haltung entspricht. Folglich gilt der Fremdexpertise im Coachinggespräch Respekt und Wertschätzung, der Eigenperspektive ein reflektierter Umgang mit den inneren Bewegungen, da sie als Selbstaussage eines Beobachters die Antwort auf eigene innere Resonanzflächen darstellt.

3.4 Systemisches Rollenverständnis

Die methodische Gestaltung der Coachingbeziehung kann als Element einer systemischen Haltung markiert werden, die nach Schein (2000) im Sinne von Prozessberatung als helfende Beziehung verstanden wird. Die coachende Person hat moderierende Funktion. Als Prozessgestalterin schlägt sie eine Beratungsstruktur mit Gesprächsformen vor, in denen sie auf Ratschläge verzichtet. Stattdessen regt sie durch die Form der Gesprächsführung die Lehrkraft dazu an, nach eigenen Lösungen zu suchen, wodurch es dem ratsuchenden Menschen möglich wird, „die in seinem internen und externen Umfeld auftretenden Prozessereignisse wahrzunehmen, zu verstehen und darauf zu reagieren, um die Situation, so wie er sie wahrnimmt, zu verbessern" (Schein 2000, S. 39). Durch eine abgestimmte Kombination von Fachexpertise des Coaches und Erfahrungswissen der Lehrkraft kann ein gemeinsamer Prozess gestaltet werden, in dem neue Sichtweisen oder Handlungsoptionen entstehen, die zur Lösung eines Stimmproblems beitragen können.

3.5 Systemisches Interventionsverständnis

Das Interventionsverständnis im systemischen Coaching baut auf dem Theorieverständnis von Luhmann auf, das soziale und psychische Systeme als sinnverarbeitende Systeme erkennt und wird von erkenntnistheoretischem Wissen ergänzt. Daher zeichnet sich ein kommunikatives Angebot im Coaching durch informationelle Relevanz aus, welches sich an Sinn- und Wertvorstellungen der Lehrkraft anschließt und ihre gedankliche Autonomie nicht verletzt.

> „Mit Selbstreferenz und operativer Geschlossenheit grenzt sich ein System (Person oder Sozialsystem) von seiner Umwelt ab, um seine eigene Identität ausbilden und nach seinen eigenen Regeln operieren zu können. Mit Kommunikation und Lernen schließt es sich wieder an seine Umwelt an, allerdings nur partiell und nach selbst gewählten Kriterien und Zielen." (Willke 2015, S. 12)

Deswegen wird ein soziales System gegründet, das Coachingsystem, das mit Kommunikationen operiert, also mit der Kopplung von akustischen Signalen, die durch Bedeutungsgebung auf semantischer Ebene umgewandelt und verstanden werden. Gelingt ein fortlaufender Austausch im Coachingsystem, findet dessen Autopoiese statt. Da Kommunikationen flüchtig sind und ein soziales System deswegen nicht von dauerhafter Existenz ist, steigt die Wahrscheinlichkeit für eine Fortsetzung des Coachinggesprächs, wenn sich Coach und Lehrkraft durch Auftragsklärung auf gewisse Erwartungsspielregeln einigen. Durch Vereinbarung darüber, was sinnvolle Kommunikation ist, und was nicht, können Kommunikationen im Modus von Erwartungen und Erwartungs-Erwartungen (vgl. Luhmann 1984, S. 412f.) gefiltert werden und Coach und Lehrkraft durch gemeinsame Sinnverarbeitung in Co-Evolution treten lassen. Können Erwartungen zu Angebot und Nachfrage durch einen Arbeitskontrakt vereinbart werden, steigt die Wahrscheinlichkeit für das Gelingen eines informationserweiternden Austauschs. Die Annäherung in den Erwartungsmustern spielt daher im Coachingprozess eine entscheidende Rolle bei der Öffnung eines operational geschlossenen Systems und kann durch das Erstgespräch realisiert werden. Gelingt es im Coachingsystem Informationen zu erzeugen, die einen Unterschied zu den gewohnten Denkmustern bedeuten und von der Lehrkraft entsprechend ihrer Selbstreferenz, also ihrer Normen und Werte als beachtenswert und anschlussfähig verstanden werden, kann die Lehrkraft die Informationen in ihren systemeigenen zirkulären Gedankenkreislauf aufnehmen und verarbeiten. Kommt eine Information zur Anwendung, organsiert sich die gedankliche Identität der Lehrkraft neu und erschafft einen neuen Zustand aus sich selbst heraus (Autopoiese). Was aus der Information wird, also wie sie von der Lehrkraft verarbeitet wird, bleibt ungewiss, da ein komplexes System in seiner Tiefenstruktur nicht einsehbar ist. Um das Gelingen von Intervention im Sinne einer zielgerichteten Kommunikation (vgl. Königswieser/Exner 2008, S. 17) in einem Beratungsprozess wahrscheinlicher werden zu lassen, formulieren Königswieser und Exner (2008, S. 42) folgende Hinweise für deren Gestaltung: Interventionen drücken die Grundhaltung des systemischen Ansatzes aus und werden auf der Basis überlegter Hypothesen gesetzt. Hypothesen geleitete Interventionen setzen auf wohldosierte Unterschiede zwischen Fremd- und Selbstbild des Klientensystems. Dazu wird ein Kontext des Nichtbedrohtseins geschaffen, um neue Sichtweisen zu ermöglichen, die weder überfordern noch Widerstand erzeugen, sondern überraschen und zum Nachdenken anregen. Das Vorgehen erfolgt behutsam, nicht aufdeckend. Dabei wird zwischen den Polen des Bewahrens und Veränderns oszilliert und das Gute im Schlechten und das Schlechte im Guten hervorgehoben. Interventionen als gezielte Kommunikationen im Coachingsystem zielen auf die Anschlussfähigkeit von Kommunikation, indem sie in der Sprache der Lehrkraft erfolgen, an ihr Weltbild und ihren gedanklichen Komplexitätsgrad anknüpfen, um vorliegende Handlungsmuster sichtbar und besprechbar zu machen. Um subjektiv erlebte Widersprüche aufzugreifen und wieder in eine Balance zu bringen, trifft die coachende Person als Prozessgestalter eine bewusste Entscheidung über den formalen Ablauf und die Ausgestaltung des Beratungsprozesses (vgl. ebd., S. 48ff.).

3.6 Systemisches Fragen

Fragen spielen im systemischen Arbeitsprozess eine wichtige Rolle. Sie verweisen zum einen auf einen Gattungsbegriff, zum anderen auf eine bestimmte Methodik und loten das Wissen zwischen Pol und Gegenpol aus (vgl. Schwing 2016, S. 170). Den methodischen Aspekt systemischer Fragen differenzieren Schlippe und Schweitzer (2014) aus. Sie sehen Fragen zum einen als Form systemischer Gesprächsführung an, die Unterschiede generieren, zum anderen als Frageform, die Zugang zu den Wirklichkeits- und Möglichkeitskonstruktionen des ratsuchenden Systems gestatten (vgl. Schlippe/Schweitzer 2014, S. II). Über das Wesen systemischer Fragen schreiben Simon et al. (1984):

> „Fragen haben in systemischen Therapien nicht nur die Funktion, zur Informationsgewinnung beizutragen. Sie sind ihrerseits auch Interventionen. (…) Gemeinsames Merkmal aller systemischer Fragen

ist, daß [sic!] sie auf Unterschiede fokussieren." (Simon et al. 1984, S. 117)

So erzeugen systemische Fragen Informationen zu Unterschieden und Beziehungen und wirken durch den Prozess des Informationsgewinns als Intervention, wenn sie verstörenden Charakter haben und durch eine veränderte Sichtweise zu neuem Verhalten führen. Die spezifische Form des zirkulären Fragens rund um das Stimmproblem macht es möglich, das Stimmproblem in seinen Kontextbezügen im Unterricht zu verstehen sowie gewohnte Denk-, Fühl und Verhaltensmuster der Lehrkraft zu irritieren und in Bewegung zu bringen, um durch neue Unterscheidungen in der Wahrnehmung noch nicht verwirklichte Beziehungsmöglichkeiten sichtbar zu machen. Systemisches Fragen stellt eine Möglichkeit dar, Verstörung unter Wahrung der Autonomie einzuleiten.

3.7 Bedeutung von Reflexion

„Reflexion bezeichnet die Fähigkeit psychischer und sozialer Systeme, sich selbst zu thematisieren und sich selbst als geeignete Umwelt anderer lebender Systeme zu verstehen." (Willke 2015, S. VII) Ausgehend von der Beobachtungsfunktion des psychischen Systems einer Lehrkraft, schafft Beobachtung als Prozess des Unterscheidens und Bezeichnens im Unterricht Informationen. Reagiert die Lehrkraft auf eine Information mit einer Neuorganisation ihres vorhandenen Wissenstands, verändert sie sich, sie lernt. Lernen wird nach Bateson (1981) durch den Gewinn und die Verarbeitung von Informationen erzeugt und gehört zu den Merkmalen komplexer, lebender und sinnverarbeitender Systeme, da ihr Prinzip die Veränderung ist. Wie aber eine Lehrkraft lernt, hängt von der Art und Weise ab, wie sie sich im Umgang mit ihrem Wissen organsiert und systematisiert. Während Lernen in seiner einfachsten Form ein lineares, einschleifiges Lernen (vgl. Agyris / Schön 2004) mittels Erfahrung durch Beobachtungen 1. Ordnung ist, bei dem die Lehrkraft ihre stimmliche Reaktion auf eine laute Klasse weder reflektiert noch zum weiteren Wissensgewinn verwertet, wird bei Lernen auf zweiter Stufe das gezeigte stimmliche Verhalten beobachtet (Beobachtungen 2. Ordnung). Die Lehrkraft weiß, dass sie auf eine laute Klasse mit einer lauten Stimme reagiert und kann diese Information entsprechend ihrer systemeigenen zirkulären Prozesse verarbeiten. Hierin liegt die Aufgabe des systemischen Coachings, also die Lehrkraft in die Lage zu versetzen, neues Wissen in der Unterrichtssituation zur Verfügung zu haben und sich bewusst für die Art ihres Sprechverhaltens im Unterricht entscheiden zu können. Gelingt es im Coaching, Wissen auf der zweiten Lernstufe zu verändern, organisiert sich das Wissen auf der dritten Lernstufe, dem reflektierten Deutero-Lernen (vgl. Bateson 1981), neu. Dann kann die Lehrkraft in der Unterrichtsituation Strategien entwickeln, weil sie Wissen darüber hat, was sie in der Unterrichtssituation beobachtet, z. B. den Lärmpegel im Unterricht, wie sie ihn bewältigt, ggf. auf eine laute Klasse mit einem lauten Stimmeinsatz zu reagieren und warum sie das tut, z. B., um sich Gehör zu verschaffen, um ihren Unterrichtsauftrag zu erfüllen. Aus den Informationen der mehrschleifigen Reflexion kann die Lehrkraft ihr individuelles Lernziel markieren, z. B. stimmlich stimmigeren Unterricht zu gestalten, woraus sie anschließend ihren stimmlichen Lernweg für eine erfolgreichere Bewältigung ihres Unterrichtsalltags bestimmen kann. Nach Willke ist Lernen „eine Form gelingender Selbstintervention und Selbstbelehrung des Systems“ (vgl. Willke 2015, S. 34), indem Wissen reflexiv (wie wird beobachtet) und reflektiert (wie und wozu wird das Wissen verarbeitet) genutzt wird. Dazu kann systemisches Coaching einen Beitrag leisten. Reagiert eine Lehrkraft im Unterricht auf stimmlich herausfordernde Situationen mit einem eigenständigen Wissensmanagement, kann sie aus sich selbst heraus ihre Möglichkeiten erweitern. Sie kann durch individuell abgestimmtes Anpassungslernen zu einem souveränen Umgang mit ihrer Stimme im Unterricht kommen und dabei gleichzeitig ihre Autonomie bewahren. So stellt die Selbstbeobachtung durch Reflexion neben der Interaktion durch Kommunikation einen möglichen Weg der Öffnung für ein operational geschlossenes System dar.

3.8 Zusammenfassung

Im 3. Kapitel wurde das systemische Coaching als zeitlich begrenztes Kommunikationssystem im Sinne eines Reflexionsraums mit Beobachtungsfunktion erkannt, in dem persönliche Fragen, die im Unterricht zum Stimmsymptom und somit zur Einschränkung der beruflichen Leistungsfähigkeit geführt haben könnten, bearbeitet werden. Für eine Öffnung der ratsuchenden Lehrkraft wurde ein selbstgesteuerter Lernprozess als Möglichkeit verstanden, um Wissen zu erzeugen, das der Lehrkraft zu neuen Erkenntnissen über alternative stimmliche Handlungsstrategien im Unterricht verhilft. Zu den strategischen Elementen des Coachings wurde zum einen Kommunikation vom anderen her erkannt, welche sich durch eine fragende Haltung zur Mobilisation systeminterner Kräfte für die Gestaltung stimmlich stimmigerer Verhaltensoptionen im Unterricht auszeichnet. Zum anderen wurden zielgerichtete Kommunikation und die Anleitung zur selbstreflexiven Beobachtung als Möglichkeiten erkannt, kognitive und soziale Sinngebungsprozesse zu verstören und die Problemlösekompetenzen der Lehrkraft zu steigern.

4 Werkzeuge im Einzelcoachingprozess

Ausgehend von der Idee, dass Menschen im Dialog mit ihrer Umwelt ihre eigene Wirklichkeit erzeugen und mit Bedeutung anreichern, zielt der methodische Einsatz im systemischen Coaching einer Lehrkraft mit Stimmstörung im Unterricht darauf ab, ihre Handlungsmöglichkeiten am Arbeitsplatz zu erweitern und ihre Eigenverantwortung zu stärken. Dazu wird die Lehrkraft eingeladen, das Stimmsymptom aus verschiedenen Perspektiven zu beleuchten. Im folgenden Kapitel werden Elemente eines Coachingprozesses skizziert, mit denen ein theoriegeleitetes Vorgehen gestaltet werden kann.

4.1 Aktionsforschung

Damit Kommunikation in einem Coachingprozess gelingen kann, wird der gesamte Prozess nach dem Prinzip der Aktionsforschung gestaltet:

> „Action Learning stellt eine systematische Verknüpfung von Aktion und Reflexion dar. Dies bedeutet, Handeln wird genutzt, um daraus zu lernen, Lernen und Reflexion wiederum sollen in (verbesserte) Handlungen münden." (Hauser 2012, S. 355)

Aktionsforschung nach Lewin (vgl. Marrow 2002) entspricht der Grundidee eines theoriegeleiteten Vorgehens. Einerseits erfährt die Lehrkraft durch die Art der Gesprächsführung intensive Zuwendung durch methodische Beziehungsgestaltung, andererseits wird konkret an ihrem Anliegen, dem Problem der gestörten Stimme im Unterricht, gearbeitet. Damit auf der Basis der Wirklichkeitskonstruktionen der Lehrkraft ein neutraler Dialog mit reinen Beobachtungen geführt werden kann, die frei von Interpretationen und Bewertungen der coachenden Person sind, finden für ein theoriegeleitetes Vorgehen Beobachtungen auf verschiedenen Ebenen statt, um Informationen zu erzeugen. Im systemischen Coaching wird zwischen Beobachtungen 1. Ordnung, den „Selbstbeobachtungen und Selbstbeschreibungen des Systems" (Krizanits 2014, S. 56) und Beobachtungen 2. Ordnung, den „Beobachtungen der Berater" (ebd., S. 166) unterschieden. Die erzeugten Informationen schränken die informationelle

Komplexität der Lehrkraft ein, während die des Coaches erweitert wird. Neben der Werkzeugfunktion von Beobachtungen wird „Beobachtung als zentrale Operation des Erkennens verstanden" (Simon et al. 2004, S. 43). Sie sind in einem systemischen Verständnis konstruktivistisch zu verstehen. Damit die coachende Person den Modellen der eigenen Wahrnehmungswelt nicht erliegt, werden Beobachtungen entlang der systemischen Schleife ausgerichtet. Die systemische Schleife

> „trennt den typisch gestalthaften Prozess der alltäglichen Erfahrungsverarbeitung – von der Wahrnehmung eines Reizes bis zum Handeln – künstlich in vier Schritte: das Beobachten und Sammeln von Informationen, das Interpretieren von Zusammenhängen, das Suchen nach Optionen, das Bewerten und Auswählen von Optionen für die Umsetzung im Handeln." (Krizanits 2014, S. 150)

Dies ermöglicht der beratenden Person zum einen trotz ihrer Zugehörigkeit zum Coachingsystem die Einnahme einer Außenperspektive als Voraussetzung für Problemneutralität, Beziehungsneutralität und Wirklichkeitsneutralität (vgl. Schlippe/Schweitzer 2013, S. 206). Zum anderen wird die Aufmerksamkeit bewusst gelenkt, wodurch die Kontingenz der Wahrnehmungsmöglichkeiten eingeschränkt wird, was den Fokus auf den Beratungsinhalt erleichtert. Beobachtungen, die nach diesen Merkmalen ausgerichtet sind, entsprechen nach Krizanits (2013) Beobachtungen 3. Ordnung und sind Beobachtungen, „mit denen Beobachter zweiter Ordnung sich selbst beobachten, wenn sie die Beobachtungen erster Ordnung des Systems beobachten" (Krizanits 2013, S. 170).

So stellt das Vorgehen nach der Aktionsforschung mit dem Kernelement der systemischen Schleife den methodischen Rahmen für theoriegeleitete Beobachtungen im Sinne der entdeckenden Sozialforschung zum Informationsgewinn sowohl für den gesamten Coachingprozess als auch für einzelne Sitzungen dar. Informationen im Beratungsprozess werden auf inhaltlicher, zeitlicher, sozialer und räumlicher Ebene erfragt. Das internale Wissen der Lehrkraft, also ihre Wünsche, ihr Feldwissens und ihre Ressourcen, wird in der Weise erhoben, dass aus Projektplanung und Prozessgestaltung eine Prozessschleife entstehen kann, in der die Ratsuchende selber forschend aktiv wird. Gleichzeitig werden Informationen generiert, die zur Entwicklung eigenständiger und stimmiger Lösungen führen können. Deswegen hat das Erstgespräch eine besondere Bedeutung und wird im nächsten Kapitel näher vorgestellt. Wird ein Coaching vereinbart, kommen Werkzeuge zum Einsatz, die durch fragend eingespielte Fremdperspektiven neue Informationen erzeugen und damit den Komplexitätsgehalt im Coachingsystem steigern. Zu den Werkzeugen zählen z. B. systemisches Fragen, Hypothesenbildung mit Interventionsqualität oder der Einsatz von gezielten Interventionstechniken. Wird in einem lebendigen Austausch das Erfahrungswissen der Lehrkraft mit dem Fachwissen des Coaches so kombiniert, dass durch einen wiederkehrenden Reflexionsprozess neues Wissen entsteht, dann kann Wissen der Vergangenheit für zukünftige Lösungen neu organisiert werden und erlaubt der Lehrkraft ggf. einen dynamischeren Umgang mit ihrer Stimme im Unterricht.

Neben dem Coaching auf individueller Ebene erscheint im Verständnis der Systemtheorie die Verknüpfung von Person und Organisation sinnvoll, da psychische Systeme als relevante Umwelten einer Organisation verstanden werden, deren kommunikative Austauschprozesse das soziale System Schule erst in Erscheinung treten lassen. So plant der Coach nach Absprache mit der Lehrkraft den Gesamtablauf des Beratungsprozesses auf individueller und schulischer Ebene, stellt Räumlichkeiten zur Verfügung und gestaltet auf sachlicher, zeitlicher und sozialer Ebene zunächst das Einzelcoaching, erweitert durch den Blick auf kommunikative Ressourcen in Unterricht und Schule, die im weiteren Verlauf ebenfalls zu Verstörung der gegenwärtig störenden Stimmmuster beitragen können. Zu erwartende Auswirkungen und Wechselwirkungen gewünschter Veränderungen sowie ihre Bedeutung für das berufliche Umfeld werden prozessbegleitend durch einen Vorher-Nachher-Vergleich geprüft und reflektiert. Die erlebte Zufriedenheit der Lehrkraft durch Passung der erreichten Veränderungen kann als Zeichen für einen gelungenen Coachingprozess gelesen werden, stellt das zu evaluierende Kriterium und markiert das Ende der Zusammenarbeit. So wird für die Interventionsarchitektur (vgl. Königswieser / Exner 2008, S. 47f.) beim Coaching der gestörten Lehrerstimme die individuelle und schulische Ebene fokussiert. Die Designausstattung (vgl. ebd., S.48f.) erfolgt nach der Aktionsforschung entlang der einzelnen Schritte der systemischen Schleife und wird durch verschiedene Coachingelemente mit lebendigem Gespräch gefüllt. Dann kann sowohl der ratsuchenden Lehrkraft als auch der coachenden Person eine Annäherung an die vorliegende Problemkomplexität des Stimmsymptoms im Unterricht möglich werden und durch die komplexitätsreduzierende Wirkung einer strukturierten Vorgehensweise bei der Suche nach passenden und zufriedenstellenden Lösungen für das Stimmproblem im Unterricht Orientierung geben.

4.2 Informationen sammeln im Erstgespräch

Das Erstgespräch hat zum Ziel, einen gemeinsamen Problemfokus zu erzeugen, der im Rahmen eines Arbeitsbündnisses die Zusammenarbeit auf sachlicher, zeitlicher, sozialer Ebene sowie mögliche Ressourcen für die inhaltliche Zusammenarbeit der Beratung regelt (vgl. Königswieser/Exner 2008, S. 27). Da der Interventionsprozess mit dem ersten Kontakt beginnt, wird in der Einstiegsphase des Coachingprozesses eine Vertrauensbeziehung aufgebaut, damit die ratsuchende Lehrkraft sich auf der Basis einer stabilen Beziehung auf den verunsichernden Prozess der Veränderung einlassen und sich öffnen kann. Durch aktives Zuhören (vgl. Rogers 2001) zeigt sich die coachende Person als angenehme Gesprächspartnerin und geht empathisch auf ihr Gegenüber ein.

Neben der methodischen Beziehungsgestaltung wird im Erstgespräch informationelle Komplexität organisiert. „Die vorrangige Aufgabe des Beraters ist es am Anfang, mit seinem Klienten unlösbare Probleme in lösbare umzukonstruieren" (Hubrig/Herrmann 2014, S. 151). Dazu werden die Rahmenbedingungen der Zusammenarbeit geklärt, indem Anlass (Stimmproblem) und Anliegen (beruflich) der Lehrkraft mit dem Beratungsangebot des Coaches abgeglichen werden. Dabei spielen die Motive der Lehrkraft eine Rolle (vgl. Schwing 2016, S. 159). Die Beweggründe zu kennen, weshalb eine Lehrkraft Beratung aufsucht, können Einblicke in ihre Motivation zum Coaching gewähren und Auskunft über ihre Bereitschaf zur Mitarbeit geben. Nach de Shazer (2015) können Beziehungserwartungen zwischen ratsuchender und beratender Person als Kunde, Klagender oder Besucher verstanden werden. Die Lehrkraft als Kunde besitzt einen ausgeprägten Veränderungswunsch. Der Wille zur Auseinandersetzung ist vorhanden. Sie formuliert Probleme sowie Veränderungsziele und gibt dem Coach Aufträge. Die Lehrkraft übernimmt Verantwortung für Mitarbeit und Lösungen. Sie ist in der Lage, den Coachingprozess aktiv und eigenverantwortlich mitzubestimmen. Die Lehrkraft als Klagende zeigt einen hohen Veränderungswunsch und hat nicht selten schon im Vorfeld bei unterschiedlichen Stellen erfolglos Hilfe gesucht. Die klagende Lehrkraft benennt Probleme, vergibt aber keine Aufträge, da sie als Ursache für ihre Probleme Faktoren annimmt, die sich einer direkten Beeinflussung entziehen. Sie sieht keine Möglichkeit, an einer Veränderung mitzuarbeiten. Problemursachen und Lösungsverantwortungen werden nach außen verlagert, Versuche in Richtung Lösung geblockt. Daher ist die Bereitschaft, Eigenverantwortung für das Stimmproblem und mögliche Veränderungen zu übernehmen, gering. Statt eines Lösungsfokus könnte ein passender Modus für die Zusammenarbeit der Wechsel zum Aspekt des Bewahrens im Sinne der Nichtveränderung sein, indem die Autonomie der Lehrkraft respektiert wird. Die Lehrkraft als Besucher wird meist von anderen Stellen geschickt, z. B. einem Angehörigen, Freunden oder Kollegen, die ihr raten, wegen der Stimme externen Rat einzuholen. Sie äußert Interesse an der Thematik und die Bereitschaft, am Stimmthema zu arbeiten. Sie sieht keine eigenen Probleme, benennt daher auch keine Ziele oder Aufträge, so dass die Frage im Raum steht, ob Auftrag und Angebot zur Bearbeitung der Fragestellung zusammenpassen. Daher könnte neben der transparenten Darstellung der Rahmenbedingungen für die Zusammenarbeit der ratsuchenden Lehrkraft Bedenkzeit eingeräumt werden mit der Möglichkeit, die Lösungsperspektive in die Zukunft zu verschieben.

So werden zunächst Fragen zum Auftragskontext und zu Erwartungen gestellt. Zudem kommen Fragen zum Problemkontext zum Einsatz, mit denen sich die coachende Person einen Überblick über die Bedeutung des Stimmproblems verschafft. Es handelt sich um Fragen zur Wirklichkeitskonstruktion (vgl. Schlippe/Schweitzer 2013, S. 257–258). Sie liefern Informationen zum Anliegen auf sachlicher, zeitlicher und sozialer Ebene und spannen das Coachingsystem in den genannten Dimensionen vorläufig auf. Informationen zu noch nicht realisierte Beziehungsmöglichkeiten können mit Fragen zu Möglichkeitskonstruktion (vgl. ebd., S. 264) erhoben werden, um neue Informationen einzuführen. Fragen zur Möglichkeitskonstruktion können starre Muster, die zum problematischen Stimmverhalten geführt haben, verflüssigen und durch ihre komplexitätserweiternde Wirkung zum Perspektivenwechsel einladen. Folglich wird abhängig von den Möglichkeiten der Lehrkraft, Wirklichkeitsbeschreibungen und Lösungsmöglichkeiten zu erkunden, Informationen zu verarbeiten und sich von Hypothesen anregen oder verstören zu lassen, im

Coaching ein gemeinsames Bild von der Situation entworfen, aus dem, gerahmt von einer gleichwertigen Beziehung, weitere Schritte in Richtung Intervention generiert werden.

Nennt die ratsuchende Lehrkraft im Erstkontaktakt Beratungsziele, verweisen diese auf Lösungsarbeit (vgl. Levold / Wirsching 2016, S. 172). Ziele spannen das Beratungssystem auf sachlicher und zeitlicher Ebene auf und reduzieren die kommunikativen Möglichkeiten im Coachingsystem. Aufbauend auf das Autpoiesekonzept von Maturana und Varela sind Systeme nicht kontrollierbar, sondern können nur in ihren Denk- und Handlungsmustern verstört werden. Dabei ist die Art der Verstörung weder planbar noch vorhersehbar. Nennt die Lehrkraft also Ziele, bieten sie die Möglichkeit, den gedanklichen Fokus im Beratungsprozess gemeinsam auszurichten, da sich in Zielformulierungen Informationen konzentrieren, an denen sich Beratungshandeln orientieren kann. Sie bringen das Beratungsthema auf den Punkt und werden zum Auftrag, „wenn die Klienten zum Berater vertrauen fassen und ihm eine aktive Rolle zuweisen" (ebd., S. 172). So wird auch die Rolle des Beraters für die Zusammenarbeit im Beratungssystem geklärt, da mit der Beraterrolle implizite Erwartungen verbunden sind (vgl. Schlippe / Schweitzer 2013, S. 239).

Es kann festgehalten werden, dass sich im gemeinsamen Kontrakt das Angebot der coachenden Person und das Anliegen der ratsuchenden Lehrkraft treffen. Er rahmt die Zusammenarbeit im Beratungssystem, erkennt den Klienten als Experten seiner Fragestellung an und sorgt für Transparenz und Sicherheit, indem Erwartungen, Grenzen und Spielregeln offen formuliert werden. Nach Vertragsbildung erfolgt am Ende des Erstgesprächs eine zusammenfassende Reflexion über den bisherigen Verlauf, um Einblick über getroffene Ziele und Verabredungen sowie das Befinden der Lehrkraft zu erhalten. Denn in Kommunikation gebrachte Beobachtungen sind als Austausch von kognitiven Landkarten der Anwesenden zu verstehen, die zu Deutungsvielfalt einladen, worin gleichzeitig Risiko und Chance für die Gestaltung von Interventionen im Beratungsprozess liegen.

4.3 Hypothesen bilden

Hypothesen im systemischen Coaching verfolgen das Ziel, anschlussfähige Kommunikationen und anschlussfähiges Wissen zu generieren, um durch eine verstörende informationelle Komplexität einen Musterbruch im Denken oder Handeln der Lehrkraft vorzubereiten (vgl. Schwing 2016, S. 159). Um zielgerichtete Kommunikation erzeugen zu können, kann die coachende Person Hypothesen über den Sinnzusammenhang eines Stimmsymptoms bilden. Eine Hypothese dient nicht wie im medizinischen Kontext kausal-modalem Zweck, sondern ist „eine vorläufige, im weiteren Verlauf zu überprüfende Annahme" (Schwing 2016, S. 204). Hypothesen werden aus den vorliegenden Beschreibungen der Lehrkraft gebildet, enthalten Informationen, Eindrücke und Erkenntnisse, die im Beratungsgeschehen erzeugt wurden und dienen der Nützlichkeit (vgl. ebd., S. 204). Sie bündeln genannte Themen, filtern wesentliche Aspekte heraus und ermöglichen der coachenden Person gedankliche Ordnung. Hypothesen zeigen Wirkungsketten auf und können durch ihre strukturierenden und hierarchisierenden Eigenschaften das weitere Vorgehen im Coaching skizzieren. Enthält eine Hypothese Vermutungen darüber, welche alternativen Sichtweisen die ratsuchende Lehrkraft für die Erklärung ihres Stimmproblems im Unterricht noch haben könnte, hat sie Informationscharakter und kann zu neuen und anderen Denkperspektiven über das Stimmproblem anregen. Wird einer Hypothese entlastende Eigenschaft zugeschrieben, kann aus den kreativen Suchbewegungen nach alternativen Erklärungsmöglichkeiten eine andere Sichtweise auf das Stimmstörung mit neuen Handlungsmöglichkeiten resultieren. Folglich können Hypothesen im systemischen Kontext strukturierende, anregende oder bündelnde Funktion haben.

4.4 Interventionstechniken

Im systemischen Coaching werden Interventionen als kommunikatives Angebot verstanden, deren Wirkung das Potenzial haben, die festgefahrenen Muster, die zu einer gestörten Stimme im Unterricht geführt haben, wieder zu verflüssigen. Um einen stimmlichen Musterwechsel zu unterstützen, tastet die coachende Person im gemeinsamen Gespräch die Wirklichkeitsbilder der ratsuchenden Lehrkraft ab, koppelt sich an ihre Motive und Erfahrungen und versucht mit zielgerichteter Kommunikation selbstorganisierende Prozesse bei der Lehrkraft anzustoßen, die zu neuem stimmlichen Verhalten im Unterricht führen können. Für zielgerichtete Kommunikationen können verbale und gestalterische Methoden eingesetzt werden. Im Bereich verbaler Methoden werden im Rahmen dieser Arbeit Auftragskarussell (vgl. Schlippe/Kritz 1996), Arbeit mit Hypothesen, Metaphern (vgl. Kast 2010), die Methode des Externalisierens (vgl. White/Epston

1990), Teilearbeit (vgl. Schwartz 1997) oder auch die Möglichkeit des Reframings (vgl. Bandler / Grindler 2010) vorgestellt, für ein gestalterisches und räumliches Vorgehen die Arbeit mit Zeitlinien (vgl. Dilts 2006) und die Arbeit mit Skulptur (vgl. Satir 2011). Neben der Möglichkeit, das im Unterricht erzeugte Stimmproblem abzubilden, können Vorteile in einer Kombination aus verbalen und räumlichen Interventionen in einer Erweiterung des Informationsspektrums durch Stimulation des akustischen und visuellen Wahrnehmungsapparats gesehen werden. Durch Interventionen gestaltender Art wird zudem das Potenzial der rechten Gehirnhälfte, des Erfahrungsgedächtnisses, genutzt, die für das Intuitive zuständig ist und die Verstörung noch unbewusster Inhalte erleichtern kann (vgl. Krizanits 2013, S. 142f.). Auch können räumliche Darstellungsmöglichkeiten stimmschonend wirken, geleichzeitig aber eine lebendige Interaktion aktiv aufrechterhalten. Gelingt es der Lehrkraft, dysfunktionale Stimmmuster zu erkennen, diese zu unterbrechen, funktionalere stimmliche Verhaltensmuster zu entwickeln und im Unterricht umzusetzen, kann systemisches Coaching zu einem sozialen Raum werden, in dem neue soziale Wirklichkeiten geschaffen werden.

4.5 Gespräche abschliessen

Nachdem die Lehrkraft sich auf den Coachingprozess eingelassen hat, gestaltet die coachende Person einen guten Abschluss des Gesprächs (vgl. Brüggemann et al. 2014, S. 106ff.). Dazu bietet sie im Rahmen von Abschlussinterventionen Gelegenheiten zur Metakommunikation an, damit das erfolgte Coachinggeschehen aus der Außenperspektive betrachtet werden kann, was komplexitätsreduzierende Wirkung zeigt. Es können Werkzeuge zum Einsatz kommen, die eine reflektierende Position durch Selbstbeobachtung stärken, um das Wissen in den Köpfen der Anwesenden mit dem Informationsgehalt des Coachinggesprächs abzugleichen. Werden neue Erkenntnisse gewonnen, kann von einer gelungenen Intervention durch Komplexitätserweiterung ausgegangen werden. Schwing und Fryszer (2017, S. 313ff.) schlagen für die Gestaltung einer Abschiedsphase vor, das Bewusstsein für die begrenzte professionelle Beziehung schon ab dem letzten Drittel des Coachingprozesses zu sensibilisieren. Dazu können prozessbegleitend die Kriterien erfolgreich erreichter Ziele thematisiert werden, die das Ende der Zusammenarbeit markieren, regelmäßige Zwischenbilanzen gezogen werden, die den

Zustand zwischen Problem und Lösung ausloten oder Ressourcen gezielt betont werden, um bei der Lehrkraft Zuversicht und Hoffnung für interne Bewältigungskompetenzen zu stärken.

4.6 Einführung von Stimmgesundheit an Schulen

Erkennt eine Lehrkraft, dass für eine gesunde Stimme im Unterricht neben der Entfaltung persönlicher Ressourcen auch schulische Maßnahmen greifen sollten, liegt das Thema Stimmgesundheit zunächst nicht im Beobachtungsfokus einer Schule. Deswegen gilt es für die Einführung des Themas Stimmgesundheit nach Einstiegpforten zu suchen, wie stimmliche Gesundheitsthemen die Grenzen des Systems Schule passieren und in die kommunikativen Ablaufprozesse eingeführt und dort verarbeitet werden können. Politische und rechtliche Voraussetzungen im Rahmen von Gesundheitsförderung (vgl. Weltgesundheitsorganisation 1986) und Prävention (vgl. Rittich 2017; Schott / Hornberg 2011) stellen positive Kontextfaktoren dar, um strategische Zukunftsfragen für Stimmgesundheit an Schulen zu bearbeiten, da Gesundheit am Arbeitsplatz politisch gewollt ist. Themen zur Stimmgesundheit ließen sich mit dem Instrument der betrieblichen Gesundheitsförderung (BGF) konkretisieren. Im Zentrum der BGF steht die gesunde bzw. gesundheitsfördernde Gestaltung von Arbeit (vgl. Faller 2017). Konkret richtet sich der Blickwinkel einerseits auf das Verhalten Einzelner bzw. Gruppen oder auf die Verhältnisse am Arbeitsplatz sowie die gesundheitsbezogenen Lebens- und Arbeitsbedingungen andererseits.

Soll Stimmgesundheit an einer Schule implementiert werden, findet das Thema zunächst keinen Ausdruck in den regelhaften Alltagskommunikationen, was mit den unterschiedlichen Wissensbeständen von Schule als Organisation und einer an Stimmgesundheit interessierten Lehrkraft erklärt werden kann. Psychische und soziale Systeme zählen zu den sinnverarbeitenden Systemen, „die in keinem direkten Austauschverhältnis, sondern in einem reziproken Kopplungsverhältnis stehen" (Wimmer 2014, S. 49). Während eine Lehrkraft mit einer gestörten Stimme in ihren Gesprächen das Stimmproblem und mögliche Lösungen thematisiert, filtern Schulen Kommunikation auf sachlicher Ebene zum Thema Erziehung und Bildung. Sinn unterscheidet, Kommunikation schließt an, so dass beide Systemarten über das Medium Sinn füreinander zu relevanten Umwelten werden und sich zum Lernen anregen können.

> „Lernfähigkeit beschreibt die Enttäuschungsbereitschaft eines Systems, also die Empfänglichkeit dafür, dass die Dinge auch anders sein können, als man bisher angenommen hat. Je höher das Irritationspotential, desto größer sind die Chancen für lernen."
> (ebd., S. 114).

Werden Irritationen durch Beobachtungen auf beiden Systemebenen erkannt, können sie in den Gedanken der Lehrkräfte und in den Gesprächen innerhalb der Schule aufgenommen und in den autopoietischen Prozessen verarbeitet und integriert werden. Je mehr Kontaktstellen vorhanden sind, um den Sinn für Stimmgesundheit an Schulen zu verarbeiten, desto mehr Möglichkeit für Irritation gibt es und desto größer wird die Überlebenswahrscheinlichkeit für das Thema Stimmgesundheit in der Schule. Es bedarf also zum einen einer kognitiven Lernbereitschaft auf individueller Ebene, zum anderen einer normativen Irritationsbereitschaft auf schulischer Ebene. „Individuelles Wissen wird in Organisationen nur dann relevant, wenn es von anderen Organisationsmitgliedern als ernstzunehmendes Wissen beobachtet wird" (ebd., S. 50). Erst durch die kollektive Bereitschaft des Kollegiums und der Schulleitung, subjektive Wahrnehmungen und Gedanken einer Lehrkraft zu einer gemeinsam geteilten Realität werden zu lassen und das Thema Stimmgesundheit als Ressource zu begreifen, kann individuelles Wissen auf schulischer Ebene wirksam werden. Zur Fragestellung einer Stimmstörung bei Lehrkräften im Unterricht gilt es also im systemischen Coaching, auch die Lernfähigkeit des gesamten Systems Schule zu steigern. Dazu muss das Zusammenspiel von Schule und Lehrkraft so organisiert werden, dass Lernprozesse sowohl auf schulischer Ebene in deren Regelsystemen als auch auf individueller Ebene in den Köpfen der Lehrkräfte stattfinden. Um Veränderungen dieser Art zu bewirken, kann das Instrument des Critical Action Learning (vgl. Hauser 2012) als dialogischer Ansatz des Lernens zum Einsatz kommen. Lernen beginnt mit dem Eingeständnis von Nicht-Wissen, also für ein aktuelles Problem im Augenblick noch keine Lösung zu wissen. Der Prozess im Critical Action Learning (CAL) verfolgt das Ziel, bestehende und verfestigte Modelle sowohl auf individueller als auch schulischer Ebene aufzulösen, um Freiraum für neue, bedarfsorientierte Modelle zu schaffen, wie z.B. einen gedanklichen Raum für das Thema Stimmgesundheit einzurichten, wenn Lehrkräfte wegen einer Stimmerkrankung wiederkehrend im Unterricht ausfallen. CAL arbeitet mit kleinen Teams, nimmt das Anliegen der Lehrkraft zum Anlass, erkundet den Einzelfall in der Gruppe und erweitert das vorliegende Wissen um eine kritische Perspektive, indem zur Selbstreflexion der Beteiligten angeregt wird. Um Wissenserweiterung zu stimmlichen Themen durch Lernen im Gruppenprozess strukturell zu verankern, findet der kommunikative Austausch periodisch wiederkehrend zunächst in einem selbstgesteuerten und später auch selbstorganisierten Prozess statt. Werden Veränderungsideen persönlich an die Schulleitung herangetragen oder in Konferenzen eingebracht und ggf. durch Maßnahmen umgesetzt, kann CAL nicht nur als Möglichkeit erkannt werden, die Qualität der Beziehungen der Teammitglieder untereinander zu verbessern, sondern auch das Potenzial für Innovationen zum Thema Stimmgesundheit an Schulen zu erhöhen.

4.7 Zusammenfassung

Als Ergebnis des 4. Kapitels wurde das systemische Coaching als aktivierende Methode bestimmt, das eine Lehrkraft im Rahmen von Aktionsforschung in einen Selbstentwicklungsprozess schickt, um die berufliche Leistungsfähigkeit durch eine funktionstüchtige Stimme wiederherzustellen. Als sinnvolle Beratungsarchitektur wurden Interventionen auf individueller und schulischer Ebene erkannt. Für ein theoriegeleitetes Vorgehen wurde als angemessenes Beratungsdesign das Vorgehen nach den einzelnen Schritten der systemischen Schleife als sinnvoll erkannt und näher beleuchtet. Der Schleifengang mit seinen Gestaltungselementen wurde sowohl für das einzelne Gespräch als auch für den gesamten Beratungszyklus verstanden. Eine besondere Bedeutung wurde dem Erstgespräch zugeschrieben, da hier der Möglichkeitsspielraum sowie die Bedingungen für den gemeinsamen Coachingprozess ausgelotet werden. Um Veränderungen auf schulischer Ebene zu bewirken, wurde als dialogischer Ansatz des Lernens das Instrument des CAL vorgeschlagen und als Möglichkeit erkannt, das Potenzial für einen innovativen Umgang mit dem Thema Stimmgesundheit an einer Schule zu erweitern.

5 Der Werkzeugkasten

Im Folgenden werden Werkzeuge vorgestellt, mit denen ein Coachingprozess beim Symptom der gestörten Lehrerstimme im Unterricht ausgestaltet werden kann. Eine detailliertere Beschreibung einzelner Werkzeuge erfolgt im Anhang. Einer tiefgreifenden methodischen Darstellung der Werkzeuge wird diese Masterarbeit aus formalen Vorgaben nicht gerecht, weshalb aus Gründen des wertschätzenden Umgangs mit Fach- und Methodenwissen auf das Studium entsprechender Literatur verwiesen wird.

5.1 Aktionsforschung

Im Folgenden werden Möglichkeiten zur Planung und Ausgestaltung des Beratungsprozesses aufgezeigt.

5.1.1 Planung der Gesamtarchitektur des Coachingprozesses

Mit der Planung des Gesamtprozesses werden kommunikative Räume geschaffen, in denen theoretisches Wissen in die Praxis umgesetzt werden kann. Transparenz über Rahmenbedingungen der Zusammenarbeit entspricht einem theoriegeleiteten Vorgehen und kann von Bedeutung für die Bereitschaft der ratsuchenden Lehrkraft sein, sich für den Beratungsprozess zu öffnen. Zu den Rahmenbedingungen zählen nach Brüggemann et al. (2014, S. 30) Pünktlichkeit, Räumlichkeit, Gesprächsdauer, Gesprächsintervalle, Kosten, vertraulicher Umgang mit Informationen und Arbeitsweise. Folgende Elemente können gestaltet werden:

- *Coaching auf individueller Ebene*

  z. B. 6–10 Doppelstunden im Abstand von 4–6 Wochen.

- *Coaching auf schulischer Ebene*

  z. B. Einführungsbeginn im letzten Drittel des Einzelcoachings, Dauer zwischen 6 und 18 Monaten mit periodisch wiederkehrenden Treffen parallel zum Unterrichtsgeschehen und sukzessivem Rückzug der begleitenden Beratung.

5.1.2 Ausgestaltung des Coachingprozesses

Für ein partizipatives Vorgehen mit theoriegeleitetem Einsatz des Wahrnehmungsapparates können folgende Elemente gestaltet werden:

- Vorgehen nach der systemischen Schleife mit den Stationen Informationen sammeln – Hypothesen bilden – Intervention planen – Intervention setzen – Information sammeln usw.
- Einsatz von verbalen und gestalterischen Interventionsmöglichkeiten.
- Fallbezogene Abgrenzung der verschiedenen Dimensionen des Coachingsystems auf zeitlicher, inhaltlicher, sozialer und räumlicher Ebene.

5.1.3 SWOT-Analyse zur Selbstanalyse für den Coachinganbieter (vgl. Mintzberg 1994)

Das Akronym SWOT steht für Strength, Weaknesses, Opportunities und Threats, was im Deutschen mit Stärken, Schwächen, Chancen und Risiken übersetzt werden kann. Es ist ein strategisches Instrument zur Situationsanalyse, das Informationen über die eigenen Stärken und Schwächen sowie die Chancen und Risiken des Umfelds erzeugt. Insgesamt gibt das Ergebnis einer SWOT-Analyse Aufschluss darüber, welche Aspekte für zukünftiges Handeln in einem Coaching optimiert werden müssen, um stimmige Ziele erreichen zu können (vgl. Anhang 1). Nach Braun und Müller (2009) kann das Instrument auch zur Verbesserung der Selbstführung durch Selbstreflexion eingesetzt werden (vgl. Anhang 2).

5.2 Informationen sammeln im Erstgespräch

Im Folgenden werden Möglichkeiten zur Ausgestaltung des Erstgesprächs vorgestellt. Werden Informationen in zirkulärer Weise erhoben, haben sie eine Art Rückkopplungsmechanismus und können die kommunikative Bedeutung des Stimmproblems im Unterricht sichtbar machen.

5.2.1 Einstieg gestalten, angenehme Arbeitsatmosphäre schaffen

Im Erstkontakt werden die Weichen für die Zusammenarbeit gestellt. Da die Beratungssituation für die betroffene Lehrkraft eine Ausnahmesituation darstellt, ist das Ziel in der Einstiegsphase, die Öffnungsbereitschaft der ratsuchenden Lehrkraft zu steigern, indem äußere und innere Sicherheit als Voraussetzung für Wandel und Veränderung methodisch erzeugt wird. Dazu koppelt sich die coachende Person gedanklich und emotional durch wertschätzende Formulierungen an ihr Gegenüber an und gestaltet einen einladenden Rahmen. Sie wählt angemessene räumliche Rahmenbedingungen, präsentiert sich als angenehme Gesprächspartnerin, stellt sich auf die Bedürfnisse ihres Gegenübers ein (z. B. Platzwahl, ungeteilte Aufmerksamkeit, Konzentration auf die Situation), erkundet Informationen zur aktuellen Befindlichkeit und ermutigt durch einen zugewandten Gesprächsführungsstil die Lehrkraft zu freiem Ausdruck.

- Vorbereitende, stille Fragen für die Gestaltung eines öffnenden Gesprächs (vgl. Brüggemann et al 2014, S. 24; vgl. Anhang 3)

5.2.2 Auftrag, Motivation und Erwartungen klären

Der Anlass, eine Beratung aufzusuchen, ist für die ratsuchende Lehrkraft mit Erwartungen an die Zusammenarbeit verknüpft. Fragen zum Auftragskontext und Motivation können implizite Wünsche und Befürchtungen aufdecken, gewohnte Verhaltensweisen im Umgang mit sich und anderen sichtbar machen und einen ersten Anstoß für Veränderung geben. Im Gespräch kann der Beobachtungsfokus auf die Art und Weise gerichtet werden, wie die ratsuchende Lehrkraft ihre Beziehungen zu den Lernenden im Unterricht beschreibt. Formale Beobachtungsmomente können der sprecherische Ausdruck sein, z. B. Wiederholungen, häufige Verneinungen, Metaphern, Satzabbrüche, Tempo- oder Tonhöhenvariationen (vgl. Brüggemann et al. 2014, S. 36).

- Fragen zum Auftragskontext, Motivation und Erwartungen (vgl. Schlippe/Schweitzer 2013, S. 258; vgl. Brüggemann et al. 2014, S. 31; vgl. Anhang 4)

5.2.3 Fragen zur Problemkonstruktion

Coachingbedarf ist das Ergebnis einer Vorgeschichte, die so viel Veränderungsdruck erzeugt hat, dass externe Hilfe aufgesucht wird (vgl. Levold/Wirsching 2016, S. 172), weil der Blick auf Ressourcen zum eigenständigen Lösen des Problems verloren gegangen ist. Fragen zum Problemkontext verschaffen einen Überblick über musterbildende Zusammenhänge eines Stimmproblems in seinem Entstehungskontext. Den Beschreibungen der Lehrkraft können Informationen zum Anliegen auf sachlicher, zeitlicher und sozialer Ebene entnommen werden. Zudem ermöglichen Informationen zum Problemkontext einen Einblick darüber, welche Bedeutung das Stimmproblem für die Lehrkraft im Unterricht hat. Folgende Themen können nach Schlippe und Schweitzer (2013, S. 258) erfragt werden:

- Problem aufpacken (vgl. Anhang 5)
- Beschreibungen rund um das Problem erfragen (vgl. Anhang 6)
- Tanz um das Problem erfragen (vgl. Anhang 7)
- Erklärungen für das Problem erfragen (vgl. Anhang 8)
- Bedeutungen des Problems für die Beziehungen erfragen (vgl. Anhang 9)
- Skalierungsfragen (vgl. Anhang 10)

5.2.4 Werkzeuge zur Lösungskonstruktion (vgl. Schlippe/Schweitzer 2013, S. 264)

Mit Fragen zur Möglichkeitskonstruktion können neue Informationen eingeführt werden. Sie können Informationen zu noch nicht realisierte Beziehungsmöglichkeiten erzeugen und starre Muster, die zum problematischen Stimmverhalten geführt haben, verflüssigen. „Da man ein System nicht zu neuen Lösungen zwingen kann, ist diese Form der Frage auch ein Mittel, um spielerisch neue Wege anzubieten. Diese müssen nicht realistisch, ja nicht einmal realisierbar sein" (ebd., S. 264). Durch ihre komplexitätserweiternde Wirkung können sie einen verengten gedanklichen Fokus spielerisch um Möglichkeiten erweitern, die einen Unterschied zu bisherigen Denk- Fühl- und Verhaltensmuster bedeuten und zu einem Perspektivenwechsel einladen. Folgende Fragen können zum Einsatz kommen (vgl. ebd., S. 259f.):

- Lösungsorientierte Fragen (Verbesserungsfragen, vgl. Anhang 11)
- Fragen nach Ressourcen (vgl. Anhang 12)
- Die Wunderfrage (genauere Beschreibung vgl. Anhang 13)
- Problemorientierte Fragen (Verschlimmerungsfragen, vgl. Anhang 14)
- Kombination von lösungs- und problemorientierten Fragen (vgl. Anhang 15)
- Fragen zu Zukunftszeitplänen (vgl. Anhang 16)
- Als-ob-Fragen (vgl. Anhang 17)
- Systembrett (vgl. Ludewig 1983; vgl. Anhang 18)

5.2.5 Ziele finden und Auftrag auswählen

Ziele spannen das Beratungssystem auf sachlicher und zeitlicher Ebene auf und reduzieren die kommunikativen Möglichkeiten im Coachingsystem. Sie verweisen auf Lösungsarbeit und bereiten den Weg für zielführende Interventionen (vgl. Levold/Wirsching 2016, S. 172). Ziele haben ordnende Funktion, bringen das Anliegen auf den Punkt und tragen zur Klärung der Rolle des Beraters für die Zusammenarbeit im Beratungssystem bei. Ändern sich im Laufe der Zusammenarbeit Ziele, zeigt der Coach mit systemischer Sichtweise sich gegenüber Perspektivenvielfalt offen und begegnet einer neuen Zieldefinition mit Neugier und Wertschätzung.

- Auftragskarussell (vgl. Schlippe/Kritz 1996; für einen kurzen Einblick vgl. Anhang 19)
- Ziele entwickeln (modifiziert nach Boelicke 2004; vgl. Anhang 20)
- Fragen zu Zielen (vgl. Brüggemann et al. 2014, S. 58; vgl. Anhang 21)

5.2.6 Arbeitskontrakt

Der Arbeitskontrakt ist Ausdruck eines kooperativen Arbeitsbündnisses, rahmt die Zusammenarbeit im Beratungssystem und erkennt den Klienten als Experten seiner Fragestellung an. Er sorgt für Transparenz und Sicherheit, indem Erwartungen, Grenzen und Spielregeln offen formuliert werden (vgl. Schlippe/Schweitzer 2013, S. 239–240).

Durch Rückschau am Ende der Explorationsphase findet eine Zusammenfassung der besprochenen Inhalte statt, damit Transparenz über die getroffenen Vereinbarungen erzeugt wird und die Voraussetzung für einen gelingenden Coachingprozess durch einen gemeinsam erzeugten Beratungsfokus gesteigert wird. Eine Vertragsvereinbarung im Einzelcoaching kann mündlich oder schriftlich erfolgen.

- Fragen zu inhaltlichen Zielen (vgl. Schwing 2016, S. 173; vgl. Anhang 22)
- Fragen zur Aufgabenverteilung (vgl. ebd., S. 173; vgl. Anhang 23)
- Fragen zur Reflexion (vgl. Anhang 24)

5.3 Hypothesen bilden

Hypothesen spielen mit noch nicht bedachten Möglichkeiten. Folgende Ideen formulieren Schlippe und Schweitzer (2013) für die Passung von Hypothesen: „Eine Hypothese sollte möglichst so formuliert sein, dass sie entweder gute Absichten mit unbeabsichtigten negativen Folgen oder umgekehrt das Leiden an einem Problem mit positiven Nebenwirkungen des Problems verknüpft (…)" (Schlippe/ Schweitzer 2013, S. 204). Folgende Elemente können gestaltet werden:

- Stille Fragen für den Coach (vgl. Brüggemann 2014, S. 61–62; vgl. Anhang 25)
- Anregende Fragen (vgl. Schwing/Fryszer 2017, S. 133; vgl. Anhang 26)
- Bündelnde Fragen (vgl. Schwing/Fryszer 2017, S. 133; vgl. Anhang 27)

5.4 Gestaltungsmöglichkeiten für Interventionen

Im Folgenden werden verbale und räumliche Methoden erläutert, die für den Austausch über das Symptom der gestörten Lehrerstimme relevant sein könnten.

5.4.1 Arbeit mit Metaphern (vgl. Kast 2010)

Die Arbeit mit Metaphern kann eine Möglichkeit darstellen, die Wirklichkeiten, die die Lehrkraft um das Stimmproblem herum erlebt, in Kommunikation zu bringen und durch gemeinsame Beobachtung und Reflexion den Weg vom Problem zur Lösung auszugestalten, da sie die Aufmerksamkeit auf Kreativität und Emotionalität lenkt und so neue Perspektiven eröffnen sowie zum Perspektivenwechsel einladen kann. Metaphern sind Sprachbilder. Sie „beschreiben das Erleben von Menschen – vor allem da, wo genaue Beschreibungen nicht greifen, gerade bei körpernahen Empfindungen" (Schlippe/Schweitzer 2013, S. 319). Die Arbeit mit Metaphern kann prozessbegleitend stattfinden und eine Möglichkeit sein, das komplexe Phänomen einer Stimmstörung auszudrücken und darzustellen (Beispiel für die Arbeit mit Metaphern vgl. Anhang 28).

5.4.2 Externalisieren (vgl. White/Epston 1990)

Die Technik des Externalisierens bietet eine Möglichkeit, die Stimmstörung nicht als Charaktereigenschaft der Lehrkraft zu begreifen, sondern als ein Phänomen, das unabhängig von der Person der Lehrkraft betrachtet wird. Durch die Technik des Externalisierens findet eine sprachliche Trennung zwischen Problem und Person statt. Es kann eine Distanz zum Problem aufgebaut werden, indem ein Klang, ein Gefühl oder ein Problem eine symbolische äußere Form (z. B. „Frosch") erhält. So wird das Stimmproblem lokalisierbar, konkret und handhabbar und kann durch die Möglichkeit der vielseitigen Lösungsfantasien Raum für noch ungenutzte Potenziale auf dem Weg zur Lösung des Problems öffnen. (Für eine ausführliche Darstellung des Werkzeugs vgl. White/Epston 1990, für einen kurzen Einblick vgl. Anhang 29.)

5.4.3 Arbeit mit Zeitlinien (vgl. Dilts 2006)

Die Arbeit mit Zeitlinien stellt eine Möglichkeit dar, Wirklichkeitskonstruktionen einerseits in ihrer zeitlichen Dimension (Vergangenheit, Gegenwart, Zukunft) abzubilden, andererseits hinsichtlich ihrer emotionalen Qualität (positiv, negativ) zu erfassen. Zeitlinienarbeit kann u.a. einen Zugang zur emotionalen Seite des stimmlichen Erlebens ermöglichen und bei der Ausarbeitung und Konkretisierung von Zielen zum Einsatz kommen (vgl. Levold/Wirsching 2016, S. 246). Die Arbeit mit Zeitlinien kann zur Familienanamnese, zur

Problemanalyse und zum Erfassen der bisherigen Lösungsversuche eingesetzt werden. (Für einen genaueren Einblick in die Methode vgl. Dilts 2006, für einen kurzen Einblick vgl. Anhang 30.)

5.4.4 Teilearbeit (vgl. Schwartz 1997)

Das Konzept der Inneren Familie arbeitet mit verschiedenen intrapsychischen Persönlichkeitsanteilen und erkennt deren innere Multiplizität als etwas Natürliches und Nützliches an. Das Innere System besteht aus verschiedenen Teilen, die um den Erhalt des Selbst bemüht sind. Schwartz (1997) geht davon aus, dass ein Mensch so organisiert ist, dass sein Selbst geschützt wird (vgl. Schwartz 1997, S. 68). So geht es in der Arbeit mit der inneren Familie im Coaching einer gestörten Lehrerstimme darum, dass sich das Selbst der Lehrkraft von sich einmischenden störenden Teilen befreien kann, so dass ein neues Gleichgewicht zwischen den Persönlichkeitsanteilen möglich wird. Das Selbst weiß am besten, wie den Teilen zu helfen ist. Im Zustand des Selbst kann die Lehrkraft Empathie für ihre Persönlichkeitsanteile und ihre verschiedenen Seiten und Facetten erleben. Durch den Kontakt vom Selbst der Lehrkraft mit diesen Teilen ist eine Entlastung, Neuorientierung und Heilung möglich (vgl. Anhang 31).

5.4.5 Reframing (vgl. Bandler/Grinder 2010)

Die Technik des Reframings arbeitet mit Wirklichkeitskonstruktionen. Reframing bedeutet, „dem Gesagten oder Erlebten eine neue Bedeutung zuzuweisen, es in einen neuen Rahmen (frame) zu stellen und dadurch dem Klienten neue Sicht- und Handlungsweisen zu erschließen." (Schwing 2017, S. 243) Dazu wird das Stimmproblem aus einem gewohnten Bezugsrahmen genommen und in einen neuen gesetzt, so dass die Lehrkraft veranlasst wird, ihre gewohnte Perspektive zu verlassen und einen anderen Blickwinkel einzunehmen. Eine neue Sichtweise auf das Stimmproblem im Unterricht entspricht einer Musterunterbrechung, die zu einer neuen Wahrnehmung der Wirklichkeit führt und die Möglichkeit zur Verhaltensänderung impliziert. Dabei wirkt die Lehrkraft an der Konstruktion neuer Perspektiven aktiv mit. Vielleicht könnte es sinnvoll sein, Heiserkeit zu sehen als Ausdruck guter Absichten, sinnstiftendes Element oder Ausdruck von Fähigkeiten und Ressource. So kann eine problematische Verhaltensweise wie die gestörte Stimme im Unterricht neben der kranken Eigenschaft des Stimmorgans auch noch anders verstanden werden. (Vorschläge zur Auskleidung von Reframings vgl. Anhang 32 und 33.)

5.4.6 Arbeit mit Skulptur (vgl. Satir 2011)

Die interaktionelle Perspektive einer Lehrkraft in der Unterrichtssituation kann durch den Einbezug des Körpers erweitert werden. Durch die Methode der Skulptur (vgl. Satir 2011) kann die innere Wahrnehmung der Lehrkraft zu ihren Beziehungen im Unterricht in ein äußeres Bild überführt werden. Eine entstandene Skulptur kann zunächst als Ganzes wahrgenommen und erspürt werden und lädt zum Perspektivenwechsel ein, indem Wahrnehmungen z. B. aus Sicht der Schüler oder des Körpers wiedergegeben werden. So kann das Stellen einer Skulptur Aufschluss darüber geben, wie das Stimmproblem entstanden ist und aufrechterhalten wird. Neben der Abbildung des Ist-Zustands ermöglicht die Skulpturarbeit auch die Weiterentwicklung von Ressourcen, die für eine Lösungsfindung nötig sind, wenn z. B. die Skulptur verändert wird und in Bewegung kommt, also Neues entsteht. Das metaphorische Vorgehen kann neben der kognitiven Erkenntnis auch Empfindungen auslösen, die neue Sicht- und Erlebnisweisen ermöglichen und die Lehrkraft dabei unterstützen, neue Lösungen zu finden (vgl. Anhang 34).

5.5 Gespräche abschliessen

Im Folgenden werden Möglichkeiten vorgestellt, wie ein Gespräch oder ein Beratungsprozess gut beendet werden kann. Für die Gestaltung von Abschlussinterventionen können Rückblicke, Ausblicke, Aufforderung, Fragen oder auch Abschlusskommentare gestaltet werden (vgl. Brüggemann et al. 2014, S. 106ff.).

5.5.1 Rückblicke ermöglichen

Am Ende einer Gesprächseinheit können wichtige Stationen und Punkte in einem Gespräch zusammengefasst werden. Dazu können Höhen und Tiefen, wichtige Erkenntnisse, Stärken und wiederentdeckte Fähigkeiten benannt werden. Ziel ist es, das gemeinsame Verständnis der Beratungssituation sicher zu stellen und die Lehrkraft für Ihren Lernerfolg zu sensibilisieren.

- Fragen zu Unterschieden (vgl. Anhang 35)
- Skulptur (vgl. Anhang 34)
- Zeitlinien (vgl. Anhang 30)

5.5.2 Ausblicke geben (vgl. Brüggemann et al. 2014, S. 113f.)

Das Ziel des Coachings ist, einen Veränderungsprozess einzuleiten. Damit die im Coachingsystem erzeugten Unterschiede im Unterricht Perturbationsqualität erreichen, können konkrete Verhaltensweisen oder Maßnahmen verabredet werden. Mit Aufgaben zu stimmlichen Verhaltensbeobachtungen und Kommunikationsmustern im Unterricht kann der individuelle Lernprozess dann auch außerhalb des Coachingsettings fortgesetzt werden. Durch Aufgaben gewonnene Informationen liefern nicht nur eine mögliche Datenbasis für einen weiteren Schleifengang, sondern spannen auch den Blick in die gewünschte Zukunft auf, so dass der Perspektivenwechsel vom Problem zur Lösung aktiv handelnd gestaltet werden kann.

- Fragen für ein gutes Finale (vgl. Anhang 36)
- Beobachtung der Stimmlautstärke im Unterricht mit einem Schallpegelmesser
- Führen eines Stimmtagebuchs (vgl. Anhang 37)
- Ruhesignale einführen, z. B. der Einsatz von Glocke oder Handzeichen
- Ansprechen von Konflikten im Unterricht, wie z. B. Stör- oder Verweigerungshaltung von Schülern
- Befragung von Kolleginnen und Kollegen zu deren subjektiven Erleben bezüglich der heiseren Stimme

5.5.3 Abschlusskommentar

Ist das Gespräch abgeschlossen, kann der Lehrkraft noch eine wertschätzende Botschaft im Sinne eines Abschlusskommentars mit auf den Weg gegeben werden. „Sie sollten kurz das zusammenfassen, was Ihnen als Berater in der Begleitung Ihres Kunden besonders wichtig erschien. Eine zusätzliche ausgesprochene Empfehlung, in Form eines Wunsches, runden den Kommentar ab“ (Brüggemann et al. 2014, S. 118). Das Ziel ist, das Beratungsgespräch positiv zu beenden und der Lehrkraft für die Zeit nach dem Coaching Orientierung zu geben.

5.6 Einführung von Stimmgesundheit auf schulischer Ebene

Im Folgenden wird ein kurzer Einblick in die Methoden des CAL und des RT gegeben.

5.6.1 Critical Action Learning (vgl. Hauser 2012)

CAL basiert auf der Überzeugung, dass Lernen anhand konkreter Problemstellungen wie einer gestörten Lehrerstimme im Unterricht in einem gemeinsamen Lernprozess mit angemessener Kommunikationsarchitektur erfolgen sollte und zielt ab „auf die gemeinsame Dekonstruktion kollektiver sozialer Welten, um einen Rahmen zur Entwicklung neuer, alternativer mentaler Modelle zu schaffen" (Grote et al. 2014, S. 61). Als Einstiegspforte fungieren die individuellen Erlebens- und Verhaltensmuster einer Lehrkraft, da ihr Stimmsymptom sowohl etwas über die Dynamiken innerhalb der betroffenen Lehrkraft als auch über die sozialen Prozesse im Unterricht und der Schule aussagt. Um Wandel einzuleiten, wird eine kleine Gruppe mit vier bis sieben Personen gebildet. Zu Beginn eines Lernprozesses steht der Lerngruppe ein Coach mit Moderationsaufgaben zur Seite, die in der Schule die Bereitschaft zum Lernen abklärt, Entscheidungsträger (Schulleitung, relevante Personen im Kollegium) einbindet, den Prozess steuert, den erweiterten Blick für die Situation öffnet und Ungereimtheiten zurückspiegelt, um einen Perspektivenwechsel einzuleiten. Am Fallbeispiel einer betroffenen Kollegin wird das Thema Stimmstörung im Unterricht aufgegriffen und Fall und Lösungsprozess im kommunikativen Austausch kritisch reflektiert. Neben der aktuellen Fallbesprechung können auch Themen, die übergeordnete Bereiche wie Politik, Machtkonstellationen, implizite Normen, Annahmen oder versteckte Emotionen berühren, betrachtet werden. Der Coach zieht sich im Prozessverlauf zunehmend aus dem Gruppenprozess heraus und überlässt die Gruppe der Selbstverantwortung, Selbststeuerung und Selbstorganisation. Die Haltung des Coachs ist von den Prinzipien der Freiwilligkeit, Wertschätzung, Perspektivenvielfalt, Praxisorientierung und kritischen Reflexion geprägt und operiert auf der Basis von Offenheit und Vertraulichkeit, um einen nachhaltigen Lernprozess in Gang zu setzen. (Gestaltungschritte vgl. Anhang 38.)

5.6.2 Reflecting Team (vgl. Andersen 1996)

Die Methode des Reflecting Teams (RT) arbeitet mit der Idee, zwischen der erlebenden und der zuhörenden Position zu trennen. Das Werkzeug besteht aus zwei Systemen, dem Interviewsystem und dem beobachtenden System (ca. zwei bis fünf Personen). Das RT hört aufmerksam dem Interview der coachenden Person zu, ohne sich am Gespräch aktiv zu beteiligen. Nach einer Zeit werden die Mitglieder des RT aufgefordert, laut über das beobachtete Gespräch in wertschätzender, unterstützender und hilfreicher Art und Weise zu denken und tauschen Ideen aus. Lehrkraft und coachende Person hören sich die Gedanken und Ideen des RT an und sprechen anschließend über ihre Eindrücke, die beim Zuhören entstanden sind. Es können mehrere Wechsel zwischen Interview- und Reflexionsebene erfolgen. Erfährt die zuhörende Position neue Aspekte, können sich Wahrnehmungs-, Denk- und Handlungsmöglichkeiten erweitern, womit Veränderung zugelassen und eingeleitet werden kann (vgl. Anhang 39).

6 Ergebnisse und kritische Reflexion

Die Ausführungen zeigen, dass systemisches Einzelcoaching für Lehrkräfte mit gestörter Stimme im Unterricht eine Ressource darstellen kann. Es stellt einen Resonanzraum zur Verfügung, in dem der Lehrkraft individuelle Unterstützung auf der Suche nach stimmigen Lösungen angeboten wird. Für eine affektiv positive Rahmung der Zusammenarbeit stellt methodische Beziehungsgestaltung eine tragende Säule dar. Resultiert aus dem Beziehungsangebot ein stabiles Arbeitsbündnis für die Durchführung eines Coachings, können konfliktreiche Themen besprochen und Lösungswege gestaltet werden. Was sich für die Lehrkraft als Chance zeigt, kann für die coachende Person zum Risiko werden, wenn sie nämlich ihren Aufmerksamkeitsfokus durch intensive Beziehungsarbeit im Einzelsetting statt auf Kommunikation und Interaktion auf die intrapsychischen Bewegungen der Lehrkraft konzentriert. Geht der Blick für soziale Bezüge in Schule und Unterricht verloren, kann die coachende Person dazu verleitet werden, das Stimmsymptom als persönliches Problem der Lehrkraft auf psychischer oder organischer Ebene zu markieren. Das Stimmsymptom kann ggf. nicht mehr vor den systemischen Zusammenhängen seines Entstehungskontextes gelesen, noch können mögliche Kontextressourcen zur Lösung des Stimmproblems im Unterricht herangezogen werden. Deswegen kann der Wahrnehmungsapparat der coachenden Person als kritisches Arbeitsinstrument im Coachingprozess erwähnt werden, weil die Zuschreibungen ihres psychischen Systems als Umwelt des Beratungssystems ihr kommunikatives Verhalten bestimmen, das wiederum als Element des Coachingsystems informationell den Beratungsprozess mitbestimmt. Geht der Blick für Kontextbezüge und die Distanz zu inneren und äußeren Bewegungen verloren, dann läuft ein Beratungsprozess nicht nur Gefahr, sich der tiefenpsychologischen Psychotherapie oder einer verhaltensbezogenen Stimmtherapie anzunähern, sondern sich auch in einer ergebnislosen Dauerschleife zu verlieren.

Auch in der Art des Kommunikationsangebotes, in der Einladung zur Perspektivenvielfalt durch alternative Denkmodelle, kann ein Risiko für ein gelingendes Coaching liegen. Während ungewöhnliches Denken auf der einen Seite Informationsvielfalt im Coachingsystem erzeugt und auf Ressourcen und Lösungen abzielt, können auf der anderen Seite außergewöhnliche Ideen einen zu großen Unterschied zum gewohnten Denken bedeuten oder den Erwartungshaltungen der ratsuchenden Lehrkraft nicht entsprechen. Dann kann das Kommunikationsangebot nicht verarbeitet werden. Coachingbemühungen bleiben ohne Wirkung, die Lehrkraft verschließt sich oder bricht im Extremfall das Coaching ab. Gelingt es jedoch, im Coachingprozess Bedingungen zu erzeugen, um die Anschlussfähigkeit in den Bereichen Kommunikation und Sinngebung zu organisieren, dann kann ein bedürfnisorientierter Prozess in Gang gebracht werden. Er ermöglicht der Lehrkraft, Lösungen selbst zu finden, die sich im alltäglichen Umgang mit der gestörten Stimme im Unterricht als praktisch und nützlich erweisen. Dann bietet systemisches Einzelcoaching eine Möglichkeit, die Autopoiese von Unterricht mit dem Ziel von Erziehung und Bildung sowie die Autopoiese des Stimmsystems mit dem Ziel einer Oszillation zwischen Anspannung und Entspannung für einen lebendigen Einsatz der Stimme in der Indifferenzlage mit variabler Gestaltung von Tonhöhe und Lautstärke fortzusetzen. Kann die Lehrkraft durch stimmlich stimmigeres Handeln erfolgreicher unterrichten und bewertet sie diesen Zustand als bewahrens- und erstrebenswert, können Wohlbefinden und Zufriedenheit zu einer positiveren Einstellung führen, die als Aspekt ihrer Selbstreferenz die Beobachtungen im Unterricht leiten. Dann leistet systemisches Einzelcoaching nicht nur einen Beitrag zur Gestaltung eines stimmlich stimmigeren Unterrichts, sondern ermöglicht der Lehrkraft insgesamt ein stimmigeres Handeln bezogen auf den Unterrichtsstoff, den Lernenden und sich selbst gegenüber.

Neben den Vorteilen, in einem extra eingerichteten Coachingsystem an dem Symptom einer gestörten Lehrerstimme im Unterricht zu arbeiten, muss kritisch hinterfragt werden, ob Perturbationen im Coachingsystem ausreichend wirkungsstark sein können, um sowohl als Störung für das kommunikative Handeln im Unterricht zu fungieren als auch das stimmliche und gedankliche Handeln der betroffenen Lehrkraft zu verändern. Systemisches Einzelcoaching beim Problem der gestörten Lehrerstimme im Unterricht sollte deswegen nicht als Insellösung verstanden werden. Denn wird der stimmlich-verbale Kommunikationsakt einer Lehrkraft als Element des Unterrichtsgesprächs und die Kommunikationssituation Unterricht als Element von Schule gesehen, erfordert nachhaltiges Handeln Lösungen, die auf den kommunikativen Gesamtzusammenhang ausgerichtet sind. Folgende Möglichkeiten bietet das systemische Coaching einer Lehrkraft an, damit der Frosch im Hals gelöst und persönliches Wohlbefinden und Mitteilungsverstehen im Unterricht gesteigert werden können: Systemisches Coaching

- kann zum Einsatz kommen, wenn eine Lehrkraft im Unterricht dauerhaft nicht mehr in der ökonomischen Stimmlage sprechen kann und sie dieses als Problem empfindet, weil sich Heiserkeit, Druckempfinden und Schmerzen im Hals negativ auf das persönliche Wohlbefinden und das Unterrichtsgespräch auswirken.
- bietet beim Symptom der gestörten Stimme fallbezogene Einzelarbeit an.
- findet als individuelle Beratungsform in einem extra eingerichteten Coachingsystem durch Kommunikation und Interaktion zwischen Coach und Lehrkraft statt.
- liest das Symptom vor dem Hintergrund des systemischen Ansatzes als Ausdruck der gemeinsamen Lerngeschichte von Unterrichtssituation, Stimmfunktion und den Zuschreibungen der Lehrkraft und kann es mit system- und erkenntnistheoretischem Wissen begründen.
- zielt auf den Kommunikationsanschluss auf sachlicher, sozialer und zeitlicher Ebene ab, wozu kontextbezogene Austauschprozesse und Wechselwirkungen beleuchtet werden, die zu einer Statik des stimmlichen Zustands geführt haben.
- definiert ein Problemsystem für zielbezogenes Arbeiten und erklärt den statisch erscheinenden Zustand eines Problemsystems anhand der Eigenschaften autonomer, komplexer, lebender Systeme.
- bietet für eine Dynamisierung des Stimmsymptoms kommunikativen Austausch an, der auf einer erkenntnistheoretisch begründeten, wertschätzenden, ressourcen- und lösungsorientierten Haltung aufbaut.
- konzipiert die Lehrkraft in ihren stimmlich-verbalen Bezügen als autonome Einheit, deren Denken und Handeln an der Fortsetzung ihrer Autopoiese interessiert ist.

- versteht Beziehungsgestaltung als methodisches Element und tragende Säule der Zusammenarbeit, die vom Prinzip der Veränderung durch Selbstveränderung geleitet ist, weshalb Kommunikation aus der Perspektive der Lehrkraft gestaltet wird, damit durch erhöhte Mitteilungsbereitschaft Kommunikationen fortgesetzt werden können.
- pflegt einen neugierigen, suchenden und fragenden Kommunikationsstil, welcher in den autonomen Bewegungen komplexer, dynamischer Systeme begründet liegt und erfreut sich an verschiedenen Wahrnehmungsperspektiven.
- gestaltet eine wertschätzende Beziehung bereits im ersten Kontakt, um Sicherheit zu erzeugen, damit sich die ratsuchende Lehrkraft auf das unsichere Feld der Veränderungen im Coaching einlassen kann.
- lebt von der Wahrnehmungsfähigkeit der coachenden Person, theoriegeleitet zu beobachten, um fachliche Perspektiven einzuspielen, die an die kognitive Komplexität der Lehrkraft anzuschließen versuchen, weshalb Beobachtungen methodische mit Distanz zu äußeren und inneren Bewegungen erfolgen.
- wird von Personen angeboten, die eine hohe Beobachtungs- und Reflexionsfähigkeit durch kritische Selbstbeobachtung auszeichnet, indem innere Bewegungen reflektiert wahrgenommen und eigene Resonanzen als Resultat individueller Erkenntnisleistung verstanden werden.
- bietet als Fachexpertise den souveränen Einsatz von Prozessgestaltungswissen an, um ein dem stimmlichen Sachverhalt angemessenes und leistungsstarkes Coaching durchzuführen.
- zeichnet sich durch eine strukturierte Vorgehensweise aus, indem das Denken und Handeln im gesamten Beratungszyklus sowie im einzelnen Gespräch entlang der einzelnen Schritte der systemischen Schleife erfolgt.
- versteht sich im Sinne der Aktionsforschung als eine aktivierende Beratungsform, die eine Lehrkraft in einen Selbstentwicklungsprozess schickt, um die berufliche Leistungsfähigkeit durch eine funktionstüchtige Stimme wiederherzustellen.

- findet als lebhaft gestalteter Gesprächsaustausch statt, durch den Beobachtungs- und Reflexionsfähigkeit mittels Selbstbeobachtungen gesteigert werden können mit dem Ziel, systeminterne Kräfte zu mobilisieren, um die Problemlösekompetenzen der Lehrkraft zu steigern, indem sie zu einem Perspektivenwechsel angeregt wird, der zur Gestaltung stimmlich stimmigerer Verhaltensoptionen im Unterricht führen kann.
- nutzt Feldwissen und Wünsche der Lehrkraft als Datenlage im Beratungsprozess, welche durch systemische Fragetechnik erhoben werden.
- wählt angemessene Elemente und Werkzeuge für die Ausgestaltung des Coachingprozesses aus.
- legt einen besonderen Wert auf das Erstgespräch, um sinnvolle Anregungen in einem passenden zeitlichen Arrangement zu ermöglichen, indem Auftrag, Motivation, Erwartungen und Ressourcen geklärt werden, damit entlang bedürfnisorientierter Ziele stimmige Lösungen konstruiert werden können.
- zeichnet sich durch Transparenz in der Vorgehensweise aus und regelt die Zusammenarbeit in einem Arbeitskontrakt, der zur Coachingdurchführung als hilfegebietendes Leistungsangebot legitimiert.
- hält verbale und räumliche Werkzeuge bereit, die Einfluss auf die informationelle Komplexität im Coachingsystem nehmen, wie z.B. theoriegeleitete Beobachtungen, systemische Fragen, Hypothesenbildung oder andere Werkzeuge wie Metaphern, die Technik des Externalisierens, die Arbeit mit Zeitlinien, Teilearbeit, der Einsatz von Reframings oder die Arbeit mit Skulptur.
- kann einen guten Gesprächsabschluss gestalten, der durch einen Vorher-Nachher-Vergleich Veränderung hervorhebt und mit einer positiven Ausrichtung auf die Zukunft die Zusammenarbeit beenden.
- bietet ganzheitliche Lösungen an und kann das individuelle Anliegen einer Lehrkraft mit dem Kontext Schule verknüpfen.
- kennt das Instrument des CAL als dialogischen Ansatz des Lernens, um durch Teamarbeit in einem zunächst selbstgesteuerten

und später selbstorganisierten Prozess das Potenzial für Innovationen zum Thema Stimmgesundheit auf schulischer Ebene zu bewirken.

- stellt wirkungsvolle Gesprächsformen auf individueller und Gruppenebene zur Verfügung und kann diese angemessen begleiten, z. B. durch das Reflecting Team.

So ergibt sich als Handlungsperspektive für das systemische Einzelcoaching, dass neben der Lehrkraft auch das System Schule im Coachingprozess berücksichtig werden sollte. Herausforderungen für die Einführung von Stimmgesundheit als neues Thema an einer Schule können in der sozialen und zeitlichen Dimension liegen. Zum einen gilt es, die Schulleitung in den Veränderungsprozess einzubinden, damit sich das Thema Stimmgesundheit auf horizontaler Ebene zwischen den Lehrkräften und auf vertikaler Ebene zwischen Lehrkraft, Kollegium und Leitungsebene entwickeln und vernetzen kann. Zum anderen gilt es, ein Team zum Thema Stimmgesundheit als kommunikativen Anknüpfpunkt in einer Schule zu implementieren, das sich regelmäßig trifft und austauscht. Dabei können skeptische Einstellungen gegenüber Gesundheitsthemen, Befürchtungen über zeitliche Mehrbelastung oder die Sorge, dass Gesprächsbedarf zum Thema Stimmgesundheit vom Kollegium als Schwäche ausgelegt wird, zum Scheitern eines Projektes führen. Dann würde das Thema Stimmgesundheit aufgrund der operationalen Geschlossenheit komplexer lebender Systeme abgelehnt werden, weiterhin nur vorhandenes Wissen bearbeitet werden und die Ablaufroutinen würden so bleiben, wie sie schon immer waren. Denn Lernen bedeutet auch immer das Verlernen von Routinen. Gelingt es aber, mit CAL im Rahmen des systemischen Coachings einen Raum für gelingende Kommunikations- und Sinngebungsprozesse in einer Schule einzurichten, indem ein Team gegründet wird, das durch eine methodische Gestaltung des Miteinanders selber Antworten auf die Erfahrungen der Lehrkraft mit dem Stimmproblem im Unterricht findet, dann kann durch Maßnahmen des systemischen Coachings proaktiv die Überlebenswahrscheinlichkeit des Systems Schule gesteigert werden, weil durch neu entwickelte und umgesetzte Ideen stimmlich kompetenteres Handeln ermöglicht wird und dadurch die Wahrscheinlichkeit steigt, dass ein lebendiger Austausch im Unterricht mit variablem Stimmeinsatz stattfinden kann.

Was die Ausführungen der vorliegenden Arbeit aufgrund der formalen Vorgabe der Seitenzahlen nicht berücksichtigen konnten, sind der kommerzielle Aspekt von Coaching sowie das Thema Akquise mit Evaluationsmöglichkeiten für eine praxisgeleitete Theorie zur Erweiterung der theoriegeleiteten Praxis. Ebenfalls wären eine abwechslungsreichere Darstellungsform durch graphische Elemente für den Lesegenuss sowie eine ausführliche Diskussion verschiedener Werkzeuge wünschenswert gewesen. Zudem sind sowohl die Idee der Arbeit als auch die Ausführungen, Ergebnisse und Diskussionen als beobachterabhängiges Konstrukt zu verstehen, das lediglich eine Möglichkeit aufzeigt, wie das komplexe Phänomen einer gestörten Stimme im Unterricht verstanden, dargestellt und bearbeitet werden kann.

7 Fazit und Ausblick

In der vorliegenden Arbeit wurde der Versuch unternommen, das Symptom der gestörten Stimme im Unterricht aus systemischer Perspektive sichtbar zu machen. Es hat sich gezeigt, dass das Stimmproblem vor dem Hintergrund des systemischen Ansatzes als Ergebnis der Co-Evolution zwischen der Unterrichtssituation, der stimmlich muskulären Situation im Hals der Lehrkraft und der Art und Weise, wie die Lehrkraft über das Stimmsymptom im Unterricht befindet, deuten lässt. Zum anderen konnte herausgearbeitet werden, dass sich systemisches Coaching auf individueller und schulischer Ebene der Theorie nach für die Lösung des Problems der gestörten Lehrerstimme im Unterricht eignet. Zu folgenden Unterscheidungen könnte die Lehrkraft in ihrem beruflichen Handeln durch den Prozess des systemischen Coachings angeregt werden:

- Versteht die Lehrkraft das Stimmproblem in seinen Kontextbezügen, könnten daraus neue Handlungsoptionen für die Suche nach Lösungen entstehen.
- Erlebt die Lehrkraft in ihrer aktiven Suche nach selbsterzeugten Lösungen eine wertschätzende Haltung ihrem Denken und Handeln gegenüber, könnte daraus der Impuls entstehen, Beziehungen im Unterricht nach systemisch-konstruktivistischen Prinzipien zu gestalten und sich in ihrer Lehrerrolle zunehmend in moderierender Funktion verstehen zu wollen.
- Sucht die Lehrkraft nach neuen Möglichkeiten, stimmlich stimmigeren Unterricht zu gestalten, könnte sie sich experimentierfreudig im Ausprobieren neuer Lernformen zeigen und Unterricht als Erfahrungsraum verstehen, in dem Lernergebnisse selbst erzeugt werden.
- Erkennt die Lehrkraft Lösungsmöglichkeiten für das Stimmproblem auf individueller und schulischer Ebene, könnte sie sich an ihrer Schule für Austauschstrukturen zum Thema Stimmgesundheit interessieren, die allen Betroffenen eine aktive Beteiligung auf der Suche nach stimmigen Lösungen ermöglicht.

Gelingt das Vorhaben, trägt systemisches Coaching nicht nur auf individueller Ebene zu einem nachhaltigen stimmlichen Einsatz im Unterricht bei und ermöglicht der Lehrkraft die lebenslange Teilhabe am Berufsleben, sondern erweitert sich auch das Handlungspotenzial einer Schule. Dann trägt systemisches Coaching dazu bei, die Überlebenswahrscheinlichkeit des Systems Schule durch proaktive Erfahrungsverarbeitung einzelner Lehrkräfte in einem selbstgesteuerten und selbstorganisierten Lernprozess zu steigern, indem Kommunikation in Schulen sich neu um das Thema Stimmgesundheit im Unterricht zur Fortsetzung des Bildungs- und Erziehungsauftrages auf schulischer Ebene organisiert. Entsteht aus neuen Erkenntnissen neues Handeln, dann entwickelt sich die Schule zu einem lernenden System.

Für zukünftige Entwicklungen auf dem Weg zu Lösungen im Kontext einer gestörten Lehrerstimme im Unterricht bleibt zum Abschluss dieser Arbeit für das systemische Coaching zu hoffen, dass

- Erkenntnisse zum systemischen Coaching bei gestörter Lehrerstimme im Unterricht durch Fallstudien gesammelt und evaluiert werden, um den systemischen Ansatz im Umgang mit gesundheitlichen Themen an Schulen fundiert zu platzieren und die Akzeptanz der systemischen Arbeit durch seine wissenschaftliche Anerkennung mit gesundheitsförderndem Wirkungsgrad zu erweitern.
- Fachkräfte im Tätigkeitsfeld Stimme aus dem medizinischen und pädagogischen Bereich sich mit Vertretern des systemischen Blickwinkels verknüpfen, um multiperspektivisches Erfahrungswissen zu sammeln, zu bündeln und zu nutzen sowie den interdisziplinären Austausch anzuwenden, um systemisches Coaching als mögliche Lösung für das komplexe Thema einer gestörten Stimme im Unterricht einzusetzen.
- Lehrkräfte sich beim Symptom der gestörten Stimme im Unterricht auf die Suche nach ganzheitlichen Lösungen machen, um im Freundes- und Kollegenkreis von nachhaltigen Erfolgen durch anregende Gespräche im systemischen Coaching berichten zu können.
- Vertreter von Schulen und Lehrerbildungsstätten sich noch stärker für die Vermittlung des systemischen Ansatzes öffnen, damit systemisches Coaching einen Platz im Bildungssystem findet, um

durch den Einsatz stimmgesunder Lehrkräfte den Bildungsstandort Deutschland auch zukünftig zu sichern.

Mögen die im Rahmen des systemischen Denkens entwickelten Überlegungen und Ideen einen Weg aufzeigen, den Frosch im Hals einer Lehrkraft durch einvernehmliche und stimmige Lösungen zum Schweigen zu bewegen.

Literaturverzeichnis

Monographien und Sammelwerke

Amon, I. (2004): Die Macht der Stimme. Persönlichkeit durch Klang, Volumen und Dynamik. 3. Auflage. München: Redline.

Andersen, T. (1994): Das Reflektierende Team. Dortmund: Borgmann.

Argyris, C. (2004): On Organizational Learning. Malden/Oxford/South Victoria: Blackwell Publishers.

Argyris, C./Schön, D. (1974): Theory in Practice. Increasing professional effectiveness. San Francisco: Jossey-Bass.

Arnold, R. (2015): Wie man lehrt, ohne zu belehren. 29 Regeln für eine kluge Lehre. Das LENA-Modell. 3. Auflage. Heidelberg: Carl-Auer.

Arnold, R./Erpenbeck, J. (2016): Wissen ist keine Kompetenz. Dialoge zur Kompetenzreifung. Band 77. 3. Auflage. Baltmannsweiler: Schneider.

Arnold, R./Gómez Tutor, C./Preschler, T. et al. (2016): Ermöglichungsdidaktik: Offene Fragen und Potenziale. Band 14. Baltmannsweiler: Schneider.

Bandler, R./Grinder, J. (2010): Reframing. Neurolinguistische Programmieren und die Transformation von Bedeutung. 9. Auflage. Paderborn: Junfermann.

Bateson, G. (1985): Ökologie des Geistes. Anthropologische, psychologische, biologische und epistemologische Perspektiven. Frankfurt am Main: Suhrkamp.

Bertalanffy, L. von (1968): General Systems Theory. New York: George Braziller.

Böhme, G. (2003): Sprach-, Sprech-, Stimm- und Schluckstörungen. Band 1: Klinik. 4. Auflage. München, Jena: Urban & Fischer.

Braun, W./ Müller, G.F. (2009): Praxisfeld Selbstführung. Der Werk- und Denkzeugkasten für den Einsatz persönlicher Ressourcen. Bern: Hans Huber.

Brüggemann, H./Ehret-Ivankovic, K./Klütmann, C. (2014): Systemische Beratung in fünf Gängen. Ein Leitfaden. Göttingen: Vandenhoeck & Ruprecht.

Cozolino, L. (2007): Die Neurobiologie menschlicher Beziehungen. Kirchzarten: VAK.
Eberhart, S./Hinderer, M. (2016): Stimm- und Sprechtraining für den Unterricht. 2. Auflage. Paderborn: Schöningh.
Dilts, R. B. (2006): Die Veränderung von Glaubenssystemen; NLP-Glaubensarbeit. 4. Auflage. Paderborn: Junfermann.
Egger, J./Freidl, W./Friedrich, G. (1992): Psychologie funktioneller Stimmstörungen. Wien: Orac.
Faller, G. (2017): Lehrbuch. Betriebliche Gesundheitsförderung.3. Auflage. Bern: Hogrefe.
Fiukowski, H. (2004): Sprecherzieherisches Elementarbuch. 7. Auflage. Tübingen: Niemeyer.
Foerster, H. von (1993): KybernEthik. Berlin: Merve.
Foerster, H. von (1999): Sicht und Einsicht. Versuch einer operativen Erkenntnistheorie. Heidelberg: Carl-Auer.
Föcking, W./Parrino, M. (2015): Praxis der Funktionalen Stimmtherapie. Heidel-berg/Berlin: Springer.
French, J. W. L./Bell, C. H. (1977): Organisationsentwicklung. Sozialwissenschaftliche Strategien zur Organisationsveränderung. 4. Auflage. Bern: Haupt.
Gergen, K. J./Gergen, M. (2009): Einführung in den sozialen Konstruktionismus. Heidelberg: Carl-Auer.
Glaserfeld, E. von (1997): Radikaler Konstruktivismus. Ideen, Ergebnisse, Probleme. Frankfurt a.M.: Suhrkamp.
Gordon, T. (1981): Lehrer-Schüler-Konferenz. Wie man Konflikte in der Schule löst. Reinbek: Rowohlt.
Gundermann, H. (1994): Phänomen Stimme. München: Reinhardt.
Kollbrunner, J. (2006): Funktionelle Dysphonien. Ein Psychodynamischer Therapieansatz. Idstein: Schulz-Kirchner.
Miethe, E./Hermann-Röttgen, M. (2006): Unsere Stimme. Anatomie – Störungen, Bedingungen der Stimme. Tonale Stimmtherapie. Idstein: Schulz-Kirchner.
Hammann, C. (2011): Bei Stimme bleiben. Ein Ratgeber für Lehrer und Berufssprecher. Idstein: Schulz-Kirchner.
Hammer, S. (2007): Stimmtherapie mit Erwachsenen. Was Stimmtherapeuten wissen sollten. 3. Auflage. Heidelberg: Springer.
Hellbrück, J./Fischer, M. (1999): Umweltpsychologie. Ein Lehrbuch. Göttingen: Hogrefe.

Hubrig, C./Herrmann, P. (2012): Einführung in die systemische Schulpädagogik. Heidelberg: Carl Auer.

Hubrig, C./Herrmann, P. (2014): Lösungen in der Schule. Systemisches Denken in Unterricht, Beratung und Schulentwicklung. 4. Auflage. Heidelberg: Carl-Auer.

Hüther, G. (2011): Was wir sind und was wir sein könnten. Ein neurobiologischer Mutmacher. 7. Auflage. Frankfurt a. M.: Fischer.

Jacoby, P. (2000): Die eigene Stimme finden: Stimmbildung durch organisches Lernen. Essen: Die blaue Eule.

Kneip, S. (2002): Psychogene Dysphonie bei Erwachsenen. Dissertation. Idstein: Schulz-Kirchner.

Königswieser, R./Exner, A. (2008): Systemische Intervention. Architekturen und Designs für Berater und Veränderungsmanager. Stuttgart: Schäffer-Poeschel.

Kutej, W. (2011): Prävention von Stimmstörungen. Die Stimme als wichtiges Arbeitsinstrument in Sprechberufen. Idstein: Schulz-Kirchner.

Lauterbach, M. (2018): Einführung in das systemische Gesundheitscoaching. 3. Auflage. Heidelberg: Carl-Auer.

Levold, T./Wirsching, M. (2016): Systemische Therapie und Beratung – das große Lehrbuch. 2. Auflage. Heidelberg: Carl-Auer.

Lewin, K. (1935): A Dynamic Theory of Personality. New York: McGraw-Hill.

Ludewig, K. (1997): Systemische Therapie. 4. Auflage. Stuttgart: Klett-Cotta.

Ludewig, K. (2009): Einführung in die theoretischen Grundlagen der systemischen Therapie. 2. Auflage. Heidelberg: Carl-Auer.

Luhmann, N. (1984): Soziale Systeme. Grundriss einer allgemeinen Theorie. 16. Auflage. Frankfurt a. M.: Suhrkamp.

Maletzke, G. (1998): Kommunikationswissenschaft im Überblick: Grundlagen, Probleme, Perspektiven. Opladen: Westdeutscher Verlag.

Marrow, A.J. (2002): Kurt Lewin - Leben und Werk. Weinheim/Basel: Beltz.

Maturana, H./Varela, F. (1984): Der Baum der Erkenntnis. 6. Auflage. Frankfurt a.M.: Fischer.

Mehrabian, A. (1971): Silent Messages. Belmont: Wadsworth.

Mintzberg, H. (1994): The Rise and Fall of Strategic Planning. New York: The Free Press.

Moses, P. J. (1956): Die Stimme der Neurose. Stuttgart: Thieme.

Pabst-Weinschenk, M. (2016): Stimmlich stimmiger Unterricht. Professionelle Kommunikation und Rhetorik. Göttingen: Vandenhoeck & Ruprecht.

Prigogine, I. / Stengers, I. (1981): Dialog mit der Natur. München: Piper.

Pschyrembel (2001): Klinisches Wörterbuch. 259. Auflage. Berlin: De Gruyter.

Radatz, S. (2010): Einführung in das systemische Coaching. 4. Auflage. Heidelberg: Carl-Auer.

Reich, K. (2010): Systemisch-konstruktivistische Pädagogik. Einführung in die Grundlagen einer interaktionistisch-konstruktivistischen Pädagogik. 6. Auflage. Weinheim / Basel: Beltz.

Rogers, C. R. (2001): Dich nicht-direktive Beratung. 10. Auflage. Frankfurt a. M.: Fischer.

Roth, G. (2003): Fühlen, Denken, Handeln. Wie das Gehirn unser Verhalten steuert. Frankfurt: Suhrkamp.

Satir, V. (2011): Selbstwert und Kommunikation. Familientherapie für Berater und zur Selbsthilfe. 20. Auflage. Stuttgart: Klett-Cotta.

Schaarschmidt, U. (2005): Halbtagsjobber? Psychische Gesundheit von Lehrerinnen und Lehrern. Analyse eines veränderungsbedürftigen Zustands. Weinheim: Beltz.

Schein, E. H. (2000): Prozessberatung für die Organisation der Zukunft. Der Aufbau einer helfenden Beziehung. Köln: EHP.

Scherer, K.R. (1982): Vokale Kommunikation: nonverbale Aspekte des Sprachverhaltens. Weinheim: Beltz.

Schliehe, F. / Schäfer, H. / Buschmann-Steinhage, R. / Döll, S. (2000): Aktiv Gesundheit fördern. Gesundheitsbildungsprogramm der Rentenversicherung für die medizinische Rehabilitation. Stuttgart: Schattauer.

Schlippe, A. von / Schweitzer, J. (2013): Lehrbuch der systemischen Therapie und Beratung I. Das Grundlagenwissen. Göttingen: Vandenhoek & Ruprecht.

Schlippe, A. von / Schweitzer, J. (2015): Lehrbuch der systemischen Therapie und Beratung II. Das störungsspezifische Wissen. Göttingen: Vandenhoek & Ruprecht.

Schott, T. / Hornberg, C. (2011): Die Gesellschaft und ihre Gesundheit. Stuttgart: Springer.

Schulz von Thun, F. (1981): Miteinander reden 1 – Störungen und Klärungen. Allgemeine Psychologie der Kommunikation. Reinbek: Rowohlt.

Schwartz, R. C. (2011): Systemische Therapie mit der inneren Familie. 5. Auflage. Stuttgart: Klett-Cotta.

Schwing, R./Fryszer, A. (2017): Systemisches Handwerk. Werkzeug für die Praxis. Göttingen: Vandehoek & Ruprecht.

Seidel, H. J.; Kreisel, W. (1998): Praxis der Umweltmedizin. Stuttgart/New York: Thieme.

Seidner, W./Wendler, J. (2005): Die Sängerstimme. Phoniatrische Grundlagen des Gesangs. 4. Auflage. Berlin: Henschel.

Shazer, S. de (2015): Der Dreh. Überraschende Wendungen und Lösungen in der Kurzzeittherapie. 13. Auflage. Heidelberg: Carl-Auer.

Simon, F.B. (1995): Die andere Seite der Gesundheit. Ansätze einer systemischen Krankheits- und Therapietheorie. 3. Auflage. Heidelberg: Carl-Auer.

Simon, F.B. (2007): Einführung in die systemische Organisationstheorie. 3. Auflage. Heidelberg: Carl-Auer.

Simon, F.B./Clement, U./Stierlin, H. (1984): Die Sprache der Familientherapie. 6. überarbeitet und erweiterte Auflage. Heidelberg: Carl-Auer.

Spencer-Brown, G. (1997): Laws of form. Gesetze der Form, 4. Auflage. Lübeck: Bohmeier.

Spiecker-Henke, M. (2014): Leitlinien der Stimmtherapie. 2. Auflage. Stuttgart: Thieme.

Vester, F. (2009): Denken, Lernen, Vergessen. München: DTV.

Watzlawick, P./Beavin, J. H./Jackson, D. D. (1996): Menschliche Kommunikation. Formen, Störungen, Paradoxien. 9. Auflage. Bern: Hans Huber.

White, M./Epston, D. (2013): Die Zähmung der Monster. Der narrative Ansatz in der Familientherapie. 7.Auflage. Heidelberg: Carl-Auer.

Wiener, N. (1992). Kybernetik: Regelung und Nachrichtenübertragung im Lebewesen und in der Maschine. Düsseldorf: Econ.

Willke, H. (1993): Systemtheorie. 4. Auflage. Stuttgart: Fischer.

Wirth, G. (1995): Stimmstörungen. Lehrbuch für Ärzte, Logopäden, Sprachheilpädagogen und Sprecherzieher. 4. Auflage. Köln: Deutscher Ärzte-Verlag.

Beiträge in Sammelwerken, Aufsätzen, Zeitschriften

Abresch, J. (1988): Stimmstörung als Krisenvertonung. Über biographische Einflüsse auf die Gewordenheit unserer Stimme und über die Entstehung funktioneller Stimmstörungen. In: Integrative Therapie. Ausgabe 1. S. 40–62.

Bateson, G. (1981): Die logischen Kategorien von Lernen und Kommunikation. In: Bateson, G. (Hrsg.): Ökologie des Geistes. Anthropologische, psychologische, biologische und epistemologische Perspektiven. Frankfurt am Main: Suhrkamp. S. 362–399.

Bazil, V./Piwinger, M. (2002): Über die Funktion der Stimme in der Kommunikation. In: Bentele, G./Piwinger, M./Schönborn, G. (Hrsg.): Kommunikationsmanagement, Art. Nr. 1.28. Köln: Luchterhand. Losebl. 2001 ff.

Bär, J. A./Roelcke, T./Steinhauer, A. (2007): Zur Einführung. In: Bär, J. A./Roelcke, T./Steinhauer, A. (Hrsg.): Sprachliche Kürze. Konzeptuelle, strukturelle und pragmatische Aspekte. Berlin/New York: de Gruyter. S. 1–6.

Beherndt, S. (2002): Die psychogene Aphonie auf dem Hintergrund psychotherapeutischer Modelle und Erfahrungen. In: Sprache-Stimme-Gehör. Ausgabe 26. S. 9–13.

Beushausen, U./Ehlert, H./Rittich, E. (2015): Gesundheitsförderung und Prävention im Setting Schule. Konzeption und Didaktik von Stimmseminaren für Lehrkräfte. In: Forum Logopädie. Ausgabe 24 (4). Idstein: Schulz-Kirchner. S. 18–25.

Blood, G.W./Mahan, B.W./Hyman M. (1979): Judging personality and appearance from voice disorders. In: Journal of Communication Disorder. Ausgabe 12. S. 63–67.

Blumer, H. (1973a): Der methodologische Standort des Symbolischen Interaktionismus. In: Arbeitsgruppe Bielefelder Soziologen (Hrsg.): Alltagswissen und Interaktion und gesellschaftliche Wirklichkeit 1. Symbolischer Interaktionismus und Ethnomethodologie. Hamburg: Rowohlt Taschenbuch Verlag. S. 80–146.

Boelicke, T. (2004): Kognitive Lebenszielanalyse in Therapie und Beratung. In: Verhaltenstherapie und psychosoziale Praxis. Ausgabe 36 (2). S. 313–324.

Brown, B.L./Bruce, L. (1982): Experimentelle Untersuchungen zur Personenwahrnehmung aufgrund vokaler Hinweisreize. In:

Scherer, K.R. (Hrsg.): Vokale Kommunikation: nonverbale Aspekte des Sprachverhaltens. Weinheim: Beltz. 211–227.

De Jong, F.I.C.R.S. / Kooijman, P.G.C. / Thomas, G. et al. (2006): Epidemiology of Voice Problems. In: Dutch teachers. Folia Phoniatrica Logopaedica. Ausgabe 58 (3). S. 186–198.

Deissler, K. G. (2016): Sozialer Konstruktivismus – Wandel durch dialogische Zusammenarbeit. In: Levold, T. / Wirsching, M. (Hrsg.): Systemische Therapie und Beratung – das große Lehrbuch. 2. Auflage. Heidelberg: Carl-Auer. S. 67.

Eckert, H. (2004): Die Wirkung der Stimme auf das Zuhören in der Schule. In: Grundschule 2004 (2). Braunschweig: Westermann. S.48–49.

Erickson, M. H. (1998): Pseudoorientierung in der Zeit als hypnotherapeutische Vorgehensweise. In: Rossi, E. L. (Hrsg.): Gesammelte Schriften von Milton H. Erickson. Band 6: Innovative Hypnotherapie II. Heidelberg: Carl Auer. S. 145–177.

Feuerstein, U. (2014): Die Stimmig sein Methode: Funktional-psychointegrale Selbstregulation von Gesang und Sprechstimme. In: Forum Logopädie. Ausgabe 18. S. 16–21.

Fritzell, B. (1996): Voice disorders and occupations. In: Logopedics Phoniatrics Vocology. Band 21 (1). S. 7–12.

Geißner, U. (1984): Hören und Beurteilen. „Wer Ohren hat zu hören, der höre." (Mt. 13.43). In: Gutenberg, N. (Hrsg.): Hören und Beurteilen. Frankfurt a.M.: Scriptor. S. 127–148.

Goolishian, H. / Anderson, A. (1997): Menschliche Systeme. In: Reiter, L. / Brunner, E. J. / Reiter-Theil, S. (Hrsg.): Von der Familientherapie zur systemischen Perspektive. 2. Auflage. Berlin / Heidelberg: Springer. S. 253–288.

Hauser, B. (2012): Navigation in unbekannte Welten – Dekonstruktion als zukünftige Führungsaufgabe. In: Grote S. (Hrsg.): Zukunft der Führung. Heidelberg: Carl-Auer. S. 347–364.

Helfrich, H. / Weidenbecher, P. (2011): Impact of Voice Pitch on Text Memory. Swiss Journal of Psychology. Ausgabe 70. S. 85–93.

Jónsdottir, V. / Rantala, L. / Laukkanen, A.M. et al. (2001): Effects of sound amplification on teachers' speech while teaching. Logpedics Phoniatrics Vocology. Ausgabe 26. S 118–123.

Jürgens, U. / Ploog, D. (1982): Zur Evolution der Stimme. In: Scherer, K. R. (Hrsg.): Vokale Kommunikation. Nonverbale Aspekte des Sprachverhaltens. Weinheim: Beltz. S. 20–38.

Kiese-Himmel, C. / Kruse, E. (1996): Gibt es eine psychosomatische Dysphonie? In: Sprache-Stimme-Gehör. Ausgabe 20. S. 20–25.

Kinzl, J. / Biebl, W. (1888a): Functional aphonica: Psychosomataic aspects of diagnosis and therapy. Folia Phoniatrica et Logopaedica. Ausgabe 40. S. 131–137.

Kooijman, P.G.C. / De Jong, F.I.C.R.S. / Thomas, G. et al. (2006): Risk factors for Voice Problems. In: Teachers. Folia Phoniatrica Logopaedica. Ausgabe 58 (3). S. 159–174.

Kooijman, P.G.C. / Thomas, G. / Graamans, K. et al. (2007): Psycho-social impact of teacher's voice throughout the career. In: Journal of Voice. Ausgabe 21 (3). S. 316–324.

Koufman, J. / Isaacson, G. (1991): The Spectrum of Vocal Dysfunktion. In: Koufman, J. / Isaacson, G. (Hrsg.): Voice Disorders. The Otolaryngologic Clinics of North America. Philadelphia: Saunders. S. 985–988.

Krämer, S. (2006): Die Rehabilitierung der Stimme. Über die Oralität hinaus. In: Kolesch, D. / Krämer, S. (Hrsg.): Stimme. Annäherung an ein Phänomen. Frankfurt a.M.: Suhrkamp. S. 269–295.

Kronbichler, R. (2016): Narrative Therapie. In: Levold, T. / Wirsching, M. (Hrsg.): Systemische Therapie und Beratung. Das große Lehrbuch. Heidelberg: Carl-Auer. S. 71–75.

Krumbach, G. (1987): Psychologische Befunde bei funktionellen Dysphonien. In: Gundermann, H. (Hrsg.): Aktuelle Probleme der Stimmtherapie. Stuttgart: Fischer. S. 137–149.

Lemke, S. (2006). Die Funktionskreise Respiration, Phonation, Artikulation – Auffälligkeiten bei Lehramtsstudierenden. Sprache-Stimme-Gehör. Ausgabe 30 (1). S. 24–28.

Lemke, S., Thiel, S. & Zimmermann, S. (2004): Zur Notwendigkeit der Überprüfung stimmlich-sprecherischer Eignung für den Lehrerberuf. In: Gutenberg, N. (Hrsg.): Sprechwissenschaft und Schule. Sprecherziehung – Lehrerbildung – Unterricht. München: Ernst Reinhardt. S. 164–171.

Luhmann, N. (1995): Die Soziologie und der Mensch. In: Luhmann (Hrsg.): Soziologische Aufklärung. Band 6: Die Soziologie und der Mensch. Opladen: Westdeutscher Verlag. S. 265–274.

Ludewig, K. (1983): Die therapeutische Intervention – Eine signifikante Verstörung der Familienkohärenz im therapeutischen System. In: Scherer, K. (Hrsg.): Familientherapie in der Sicht psychotherapeutischer Schulen. Paderborn: Junfermann. S. 78–95.

Mans, E. J. (1993a): Das psychosomatische Interview in der Diagnostik funktioneller Stimmstörungen. Folia Phoniatrica et Logopaedica. Ausgabe 45. S. 105–111.

Mehrabian, A. / Ferris, S. R. (1967): Inference of attidudes from nonverbal communication in two channels. In: Journal of Consulting and Clinical Psychology. Ausgabe 31 (3). S. 248–252.

Mehrabian, A. / Wiener, M. (1967): Decoding of inconsistent communications. In: Journal of Personality and Social Psychology. Ausgabe 6 (1). S. 109–114.

Montepare, J.M. / Zebrowitz-McArthur, L. (1987): Perception of Adults with Childlike Voices in two cultures. In: Journal of Experimental Social Psychology. Ausgabe 23. S. 331–349.

Rittich, E. (2017): Grundlagen der Gesundheitsförderung und Prävention. In: Lauer, N. / Schrey-Dern, S. (Hrsg.): Forum Logopädie. Prävention von Stimmstörungen. Stuttgart: Thieme. S. 39–68.

Rogerson, J. / Dodd, B. (2005): Is there an effect of dysphonic teachers' voices on children's processing of spoken language? In: Journal of Voice. Ausgabe 19. S. 47–60.

Roy, N. / Weinrich, B. / Gray, S. D. et al. (2003): Three Treatments for Teachers with Voice Disorders: A Randomized Clinical Trial. In: Journal of speech, language and hearing research. Ausgabe 46 (3). S. 670–688.

Roy, N. / Merril R. M. / Thibault, S. et al. (2004): Voice disorders in teachers and the general population: effects on work performance, attendance, and future career choice. In: Journal of Speech, Language and Hearing Research. Ausgabe 47. S. 542–551.

Saatweber, M. (2006): Die Stimme der Pädagogen und ihr Einfluss auf die (Sprach-) Entwicklung der Kinder. In: Bahr, R. / Iven, C. (Hrsg.): Sprache-Emotion-Bewusstheit. Beiträge zur Sprachtherapie in Schule, Praxis, Klinik. Idstein: Schulz-Kirchner. S 100–108.

Sapienza, C.M. / Crandell, C.C. / Curtis, B. (1999): Effects of soundfield frequency modulation amplification on reducing teacher´s sound pressure level in the classroom. In: Voice. Ausgabe 13. S. 375–381.

Schaarschmidt, U. / Arold, H. / Kieschke, U. (2002): Bewältigung psychischer Anforderungen durch Lehkräfte. In: Scheunpflug, A. et al (Hrsg.): Schulleitung im gesellschaftlichen Aufbruch. Schulleiterhandbuch. Band 93. München: Oldenburg. S. 62–73.

Schlippe, A. von / Kritz, J. (1996): Das „Auftragskarussell". Eine Möglichkeit der Selbstsupervision in systemischer Therapie und Beratung. In: System Familie. Ausgabe 9 (3). S. 106–110.

Schneider, B. / Cecon, M. / Hanke, G. et al. (2004): Bedeutung der Stimmkonstitution für die Entstehung von Berufsdysphonien. In: HNO. Ausgabe 52, Heidelberg: Springer. S. 461–467.

Schwing, R. (2016): Therapeutische Beziehung und Strukturierung des Erstinterviews. In: Levold, T. / Wirsching, R. (Hrsg.): Systemische Therapie und Beratung. Das große Lehrbuch. Heidelberg: Carl-Auer. S. 156–166.

Schwing, R. (2016): Auftragsklärung. In: Levold, T. / Wirsching, R. (Hrsg.): Systemische Therapie und Beratung. Das große Lehrbuch. Heidelberg: Carl-Auer. S. 172–174.

Sendlmeier, W. (2012): Die psychologische Wirkung von Stimme und Sprechweise. Geschlecht, Alter, Persönlichkeit, Emotion und audiovisuelle Interaktion. In: Bulgakowa, O. (Hrsg.): Resonanz-Räume. Berlin: Bertz. S. 99–116.

Spiecker-Henke, M. / Neuschaefer-Rube, C. (2003): Therapie funktioneller und organischer Stimmstörungen. In: Grohnfeldt, M. (Hrsg.): Lehrbuch der Sprachheilpädagogik und Logopädie. Band 4. Beratung, Therapie und Rehabilitation. Stuttgart: Kohlhammer. S. 303–320.

Stel, M. / Dijk, E. van / Smith, P.K. et al. (2012): Lowering the Pitch of Your Voice Makes You Feel More Powerful and Think More Abstractly. In: Social Psychological Personal Science. Ausgabe 3 (4). S. 497–502.

Titze, I.R. (1990): Interpretation of the Electroglottographic Signal. In: Journal Voice. Ausgabe 4 (1). S. 1–9.

Tormin, S. / Bock, B. (2018): Stimme als Wirkungsfaktor. In: Lauer, N. / Schrey-Dern, S. (Hrsg.): Forum Logopädie. Prävention von Stimmstörungen. Stuttgart: Thieme. S. 25.

Vilkman, E. (2004): Occupational Safety and Health Aspects of Voice and Speech Professions. Folia Phoniatrica et Logopaedica. Ausgabe 56 (4). S. 220–253.

Verdolini, K. / Ramig, L.O. (2001): Occupational risks for voice problems. In: Logopedics Phoniatrics Vocology. Ausgabe 26. S. 37–46.

Internet-Quellen

Bundesgesundheitsministerium (2015): Gesetz zur Stärkung der Gesundheitsförderung und der Prävention, online im Internet: https://www.buzer.de/s1.htm?g=Pr%C3%A4ventionsgesetz&f=1 (zugegriffen am 20.05.2018).

Bundesanstalt für Arbeitsschutz und Arbeitsmedizin (2017): Merkblätter und wissenschaftliche Begründungen zu den Berufskrankheiten der Anlage 1 zu Berufskrankheiten-Verordnung (BKV), zuletzt aktualisiert durch die Vierte Verordnung zur Änderung der Berufskrankheiten-Verordnung vom 10. Juli 2017, online im Internet https://www.baua.de/DE/Angebote/Publikationen/Praxis-kompakt/F3.pdf?__blob=publicationFile (zugegriffen am 20.05.2018).

Beschluss der Kultusministerkonferenz (2000): Gemeinsame Erklärung des Präsidenten der Kultusministerkonferenz und der Vorsitzenden der Bildungs- und Lehrergewerkschaften sowie ihrer Spitzenorganisationen Deutscher Gewerkschaftsbund DGB und DBB – Beamtenbund und Tarifunion, online im Internet: https://www.kmk.org/fileadmin/veroeffentlichungen_beschluesse/2000/2000_10_05-Aufgaben-Lehrer.pdf (zugegriffen am 16.08.2018).

Der Heilmittelkatalog (2011): Einführung in die Thematik, online im Internet: www.heilmittelkatalog.de (zugegriffen am 20.05.2018).

Deutsches Institut für Medizinische Dokumentation und Information (2018): Klassifikation, ICD, Klassifikationen, online im Internet: https://www.dimdi.de/dynamic/de/klassifikationen/icd/ (zugegriffen am 16.08.2018).

Deutscher Bundesverband für Logopädie (2013): Kommunikation, Sprache, Sprechen, Stimme, Schlucken. Störungen bei Erwachsenen. Logopädie hilft, online im Internet: www.dbl-ev.de (zugegriffen am 20.05.2018).

Deutsches Institut für Medizinische Dokumentation und Information (2018): Klassifikation. Terminologien. Standards. ICF, online im Internet: www.dimdi.de/static/de/klassi/icf/ (zugegriffen am 20.05.2018).

GKV Spitzenverband: Leitfaden Prävention. Handlungsfelder und Kriterien des GKV-Spitzenverbandes zur Umsetzung der §§ 20, 20a und 20b SGB V vom 21. Juni 2000 in der Fassung vom 27. November 2017, online im Internet https://www.gkv-spitzenverband.de/media/dokumente/krankenversicherung_1/praevention__selbsthilfe__beratung/praevention/praevention_leitfaden/2017_3/Leitfaden_Pravention_12-2017_P170262_final_VI.pdf (zugegriffen am 20.05.2018).

LehrerIn (2000): Arbeitszeit, Zufriedenheit, Beanspruchungen und Gesundheit der LehrerInnen in Österreich, online im Internet: https://bildung.bmbwf.gv.at/schulen/sb/lehrerin2000_16164.pdf?61ecay (zugegriffen am 19.08.2018).

Sozialgesetzbuch (2017): Fünftes Buch. Gesetzliche Krankenversicherung, online im Internet: http://www.sozialgesetzbuch-sgb.de/sgbv/1.html (zugegriffen am 20.05.2018).

Sozialgesetzbuch (2017): Siebtes Buch. Sozialgesetzbuch. Gesetzliche Unfallversicherung, online im Internet: http://www.sozialgesetzbuch-sgb.de/sgbvii/1.html (zugegriffen am (20.05.2018).

Verband der Redenschreiber deutscher Sprache (2006): Welchen Anteil haben Text, Erscheinungsbild des Redners, Betonung und Gestik an der Gesamtwirkung eines Vortrags? Institut für Demoskopie Allensbach. Im Internet: https://gesprochenes-wort.de/files/afgw_programm_2018-1.pdf (zugegriffen am 04.08.2018)

Weltgesundheitsorganisation WHO (1986): Ottawa-Charta zur Gesundheitsförderung, online im Internet: http://www.euro.who.int/__data/assets/pdf_file/0006/1299534/Ottawa_Charter_G.pdf (zugegriffen am 10.05.2018).

Weltgesundheitsorganisation WHO (1946): Verfassung der Weltgesundheitsorganisation, Stand 2014, online im Internet: https://www.admin.ch/opc/de/classified-compilation/19460131/201405080000/0.810.1.pdf (zugegriffen am 20.05.2018).

Studienbriefe

Arnold, R. (2015): Die Systemik der Fremd- und Selbststeuerung des Lernens. SB0320 im Rahmen des Fernstudiums Systemische Beratung, TU Kaiserslautern.

Grote, S./Erhardt, U./Lauer, L. (2014): Ansätze Organisationalen Lernens. SB0920 im Rahmen des Fernstudiums Systemische Beratung, TU Kaiserslautern.

Krizanits, J. (2013): Systemische Fragetechniken, Hypothesenbildung, Intervention, Designtechnik. Studien-brief SB0410 im Rahmen des Fernstudiums Systemische Beratung, TU Kaiserslautern.

Krizanits, J. (2014): Ablauf von Beratung. Studienbrief SB0210 im Rahmen des Fernstudiums Systemische Beratung, TU Kaiserslautern.

Schlippe, A. von/Schweitzer, J. (2014): Methoden der Intervention in sozialen Systemen. Studienbrief SB0420 im Rahmen des Fernstudiums Systemische Beratung, TU Kaiserslautern.

Willke, H. (2015): Führung systemisch gesehen – (Un)Möglichkeit der Intervention. Studienbrief SB0510 im Rahmen des Fernstudiums Systemische Beratung, TU Kaiserslautern.

Wimmer, R./Gebauer, A./Schumacher, T. (2014): Strategieentwicklung, Lernen und Wissensmanagement in Organisationen. Studienbrief SB0910 im Rahmen des Fernstudiums Systemische Beratung, TU Kaiserslautern.

Praktischer Anhang zum Werkzeugkasten

Anhang 1

SWOT-Analyse für Coachinganbieter – ein Beispiel

Chancen des Umfelds:	**Risiken des Umfelds:**
• Werbung über befreundete Lehrkräfte oder Patienten mit Stimmstörungen möglich. • …	• Finanzielle Möglichkeiten • Interesse • …
Stärken des Coachs: • Hohe Qualifikationen • Viel Erfahrung • Raumnutzung für Einzelcoaching vorhanden • …	**Schwächen des Coachs:** • Kein Internetauftritt • Keine Visitenkarten • Wenig bis keine Akquise • …

Anhang 2

SWOT-Analyse zur Selbstführung – ein Beispiel

Chancen:	**Risiken:**
• Wie kann ich meine Ressourcen noch besser nutzten? • Von wem können Anregungen kommen? • Was kann meine Freude am Arbeiten erhöhen? • Wie kann ich Misserfolge noch besser managen? …	• Warum kam es zum Erfolg / Misserfolg? • Was habe ich dazu beigetragen? • Welche Bedingungen waren wichtig? • Wann mache ich was? • Wie groß ist der Unterschied meines Handelns zu meinen Zielvorstellungen? • …
Stärken: • Neige ich zum experimentierfreudigen Ausprobieren? • Denke ich vom Ergebnis her? • Plane ich ein strukturiertes Vorgehen? • Habe ich Zeit und Möglichkeiten zum Analysieren? • …	**Schwächen:** • Welche Gefühle zeigen sich mir? • Welche Bedeutung könnten sie haben? • Wie war das Verhältnis von Freude und Angst? • …

Anhang 3

Vorbereitende, stille Fragen für die Gestaltung eines öffnenden Gesprächs (vgl. Brüggemann et al. 2014, S. 24)

- Wie verstehe ich die Beraterrolle als Gastgeberin?
- Wie heiße ich den Klienten willkommen? Smalltalk?
- Wie bin ich gestimmt?
- Wie sorge ich für Sicherheit? Ressourcenorientierte Fragen zu erfreulichen Themen?
- Was fällt mir am Gegenüber als Erstes auf? Was war der erste Gedanke?
- Was für ein Erscheinungsbild hat die Lehrkraft?
- Wie tritt sie auf?
- Welchen Gesichtsausdruck hat das Gegenüber?
- Wie fest ist der Händedruck?
- Wie verhält sich ihr Blickkontakt?
- Wie klingt die Stimme der Lehrkraft?
- Wie setzt sie ihre stimmlich kommunikativen Ressourcen ein?

Anhang 4

Fragen zu Auftragskontext, Erwartungen und Motivation (vgl. Schlippe/Schweitzer 2013, S. 258)

- Wer hatte die Idee zu diesem Kontakt?
- Was möchten Sie, dass hier passieren soll?
- Warum gerade bei mir, warum gerade jetzt?
- Was wollen Sie genau von mir?
- Was müsste ich tun, um Ihre Erwartungen zu erfüllen?
- Was müsste ich tun, damit unsere Zusammenarbeit ein Misserfolg wird?

Anhang 5

Problem aufpacken
(vgl. Schlippe/Schweitzer 2013, S. 258)

- Worin genau besteht das Stimmproblem?
- Was zeichnet das problematische Stimmverhalten aus?
- In welcher Klasse tritt es (nicht) auf? Wo noch?
- Bei welchen Personen tritt es (nicht) auf?
- Wann wird das Stimmproblem (nicht) gezeigt?
- Woran würden Sie erkennen, dass das Stimmproblem gelöst ist?
- Wann hat Ihre Klasse Ihnen das letzte Mal ruhig zugehört?
- Was war anders?
- Was haben Sie dazu beigetragen?
- Unter welchen Bedingungen hat die Klasse zugehört?
- Was macht Ihre Stimme, wenn die Klasse Ihnen ruhig zuhört?
- Was tun die Schüler und Schülerinnen, wenn sie Ihnen nicht zuhören?
- Was machen Sie, dass Ihre Klasse Ihnen nicht zuhört?
- Was macht die Stimme, wenn Ihnen die Klasse nicht zuhört?

Anhang 6

Beschreibungen rund um das Problem erfragen
(vgl. Schlippe/Schweitzer 2013, S. 258)

- Wer hat die Stimme zuerst als Problem bezeichnet?
- Wer würde am ehesten bestreiten, dass es sich um ein Problem handelt?
- Was genau meint der HNO-Arzt, wenn er oder sie von Stimmstörung spricht?
- In welchen Situationen ist die Stimmstörung am stärksten belastend?

- In welchen Situationen ist die Stimmstörung am wenigsten störend?
- Wen im Unterricht stört es am meisten, wenn Sie mit heiserer Stimme unterrichten?
- Was denken Sie, wie stehen die Eltern der Schüler zu ihrem Stimmproblem?
- Was passiert zwischen den Schülern, wenn Sie mit einer heiseren Stimme unterrichten?
- Was müssten Sie tun, dass es wegen der Stimmstörung im Unterricht zu massiven Störungen kommt?
- Angenommen Sie hätten plötzlich eine funktionierende Stimme. Wer würde sich im Unterricht (in einer bestimmten Klasse) am meisten darüber freuen?
- Was müssten Sie tun, damit die Schüler mit Ihrer Stimme im Unterricht zufrieden sind?
- Was glauben Sie, denken die Schüler, was Sie tun müssten, damit Sie mit Ihrer Stimme so richtig zufrieden sind?

Anhang 7

Den Tanz um das Problem erfragen
(vgl. Föcking/Parrino 2015, S. 106; Schlippe/Schweitzer 2013, S. 258)

- Wo befindet sich der Klang?
- Welche Form hat der Klang?
- Woran würden Sie merken, dass der Klang besser geworden ist?
- Wie würde sich der bessere Klang anfühlen? Was wäre anders?
- Wie eng/weit fühlt sich der Hals an?
- Wo sitzt der Schmerz?
- Welche Form/Größe/Farbe hat er?
- Wer im Unterricht reagiert am meisten auf die Stimmstörung, wer weniger?
- Wen stört die Stimmstörung, wen nicht?

- Wen belastet das Stimmverhalten im Unterricht am meisten?
- Wie reagieren Sie auf die Verhaltensweisen der Schüler und Schülerinnen im Unterricht?
- Wie reagieren die Lernenden auf Ihre Reaktion auf das Stimmproblem?

Anhang 8

Erklärungen für das Problem erfragen
(vgl. Schlippe / Schweitzer 2013, S. 258)

- Wie erklären Sie sich, dass das Stimmproblem überhaupt im Unterricht auftritt?
- Was glauben Sie, warum das Stimmproblem so ist, wie es ist?
- Was glauben Sie, was denken Ihre Kolleginnen zu den Hintergründen und Ursachen Ihres Stimmproblems? Was denken Sie selbst?
- Was glauben Sie, denken Ihre Kollegen, was eine gute Lösung wäre, und wer was tun müsste, damit das Stimmproblem verschwindet oder Verbesserung eintritt?

Anhang 9

Bedeutungen des Problems für die Beziehungen erfragen
(vgl. Schlippe / Schweitzer 2013, S. 258)

- Was hat sich in ihren Beziehungen zu den Lernenden verändert, seit das Stimmproblem da ist?
- Was würde sich in der Beziehung zu den Lernenden ändern, wenn die Stimme wieder besser wäre?
- Was hat sich in der Beziehung zu Ihrer Stimme verändert, seit das Stimmproblem da ist?
- Was würde sich in der Beziehung zu Ihrer Stimme ändern, wenn die Stimme wieder besser wäre?

Anhang 10

Skalierungsfragen
(vgl. Schlippe / Schweitzer 2013, S. 255–256)

Die Arbeit mit der Skalierungsfragen erzeugen Informationen, die den Ausprägungsgrad des Stimmproblems bestimmen und den Blick auf potenzielle Veränderungen ermöglichen. Auf einer Skala von 0-10 (0 = keine Störungsgefühl, 10 = hoch ausgeprägtes Störungsgefühl) kann der aktuelle Stand des Stimmstörungsempfinden bestimmt werden und Aufschluss über mögliches Verhalten geben, das zu Stärkeunterschieden beigetragen hat oder beitragen könnte.

Anhang 11

Lösungsorientierte Fragen (Verbesserungsfragen)
(vgl. Schlippe / Schweitzer 2013, S. 259f.)

- Wann ist das Stimmproblem nicht aufgetreten?
- Wie oft ist es nicht aufgetreten?
- Wie haben Sie es geschafft, in diesen Zeiten das Stimmproblem nicht auftreten zu lassen? Was war anders?
- Was haben Sie in den Zeiten anders gemacht?
- Wie können Sie mehr von dem tun, was Sie in der störungsfreien Zeit getan haben?
- Wenn das Coaching erfolgreich abschlossen ist, und Sie einen Großteil Ihres Problems bewältigt haben, wie sähe dann Ihr Unterricht aus, was würden Sie anders machen als heute?

Anhang 12

Fragen nach Ressourcen
(vgl. Schlippe / Schweitzer 2013, S. 259f.)

- Was möchten Sie gerne bewahren, wie es ist? Im Unterricht, im Leben?
- Was machen Sie gerne?

- Was gelingt Ihnen gut?
- Was müssen Sie tun, um mehr davon zu machen?
- Was hat bisher geholfen, mit dem Stimmproblem zurecht zu kommen?
- Welche Unterstützung im schulischen oder privaten Kontext haben Sie?
- Wie haben Sie es geschafft, das Stimmproblem nicht auftreten zu lassen?
- Was können Sie schon tun, um mehr davon zu machen, dass die Stimme so klingt?
- Was machen Sie schon alles, damit die Stimme sich entwickeln kann?

Anhang 13

Die Wunderfrage
(vgl. Schlippe/Schweitzer 2013, S. 267f.)

Die Wunderfrage als Element eines lösungsorientierten Vorgehens stellt eine Möglichkeit dar, unverbindlich ohne Verantwortung über Veränderung zu phantasieren mit der Erkenntnis, dass es sich bei Verhalten nach dem Wunder um Tätigkeiten handelt, die in einem möglichen Machbarkeitsraum liegen:

- Angenommen, heute Nacht geschähe ein Wunder und das Problem wäre verschwunden, woran würden Sie nach dem Aufwachen als Erstes merken, dass das Stimmproblem weg ist? Woran würden Sie das ganz konkret merken? Wäre das Empfinden anders? Oder das Gefühl im Hals? Was würden Sie am Morgen danach als Erstes tun? Was dann?
- Wer würde als Erster bemerken, dass das Problem weg ist? Wer dann?
- Was würden Sie am meisten vermissen in Ihrem Leben, wenn das Problem plötzlich weg wäre?
- Was würden die Schüler im Unterricht danach anders machen?

- Wer wäre am meisten überrascht davon?

Anhang 14

Problemorientierte Fragen (Verschlimmerungsfragen)
(vgl. Schlippe/Schweitzer 2013, S. 259f.)

- Was müssten Sie tun, um Ihr Stimmproblem zu behalten oder zu verschlimmern?
- Was könnte ich tun, um Sie dabei zu unterstützen?
- Wie könnten Sie sich stimmlich so richtig unglücklich machen, wenn Sie das wollten?
- Wie könnten die anderen Sie dabei unterstützen?
- Wie könnten Sie die anderen dazu einladen, es sich stimmlich richtig schlecht gehen zu lassen?

Anhang 15

Kombination von lösungs- und problemorientierten Fragen
(vgl. Schlippe/Schweitzer 2013, S. 259f.)

- Wofür wäre es gut, das Stimmproblem noch eine Weile zu behalten oder es gelegentlich noch einmal einzuladen?
- Was würde schlechter werden, wenn das Stimmproblem weg wäre?

Anhang 16

Zukunftszeitpläne
(vgl. Schlippe/Schweitzer 2013, S. 259f.)

- Wie lange werden Sie Ihrem Problem noch einen Platz im Unterricht gewähren?
- Wann werden Sie es vor die Klassentür setzen?
- Wie lange wäre es dafür noch zu früh?

- Wenn Sie Ihr Stimmproblem schon längst verabschiedet hätten, es aber noch einmal „einladen" wollten: Wie könnten Sie das tun?
- Wenn Sie gegenüber anderen so tun wollten, als wäre Ihr Stimmproblem wieder zurückgekehrt, ohne dass es tatsächlich da ist, wie würden Sie sich verhalten?
- Wenn Sie das Stimmproblem nun endlich los wären, in welchen Situationen wäre es doch ganz praktisch, Sie könnten es noch mal zu einem Besuch einladen?

Anhang 17

Als-ob-Fragen
(vgl. Schlippe / Schweitzer 2013, S. 259f.)

- Wenn Sie gegenüber anderen nur so tun wollten, als ob Ihr Problem wieder zurückgekehrt wäre, ohne dass es da ist, wie müssten Sie sich verhalten?
- Würden die anderen erkennen, ob Ihr Stimmproblem tatsächlich wieder da ist, oder ob Sie nur so tun, als ob?

Anhang 18

Systembrett: Beziehungsmuster visualisieren
(vgl. Ludewig 1983; Levold / Wirsching 2016, S. 223–227)

Durch die visuelle Darstellung von Beziehungsmustern kann ein Problemsystem präsentiert und darüber kommuniziert werden. „Neben der Möglichkeit, aktuelle Beziehungen und emotionale Befindlichkeiten aus der jeweiligen Sicht der Beteiligten abzubilden, bietet das Systembrett auch Optionen, mit hypothetischen Annahmen zu spielen" (Levold / Wirsching 2016, S. 242). So können Wünsche oder alternative Wirklichkeiten dargestellt werden und einen Unterschied zur bisherigen Sichtweise abbilden. Dazu wird auf einem Brett (alternativ Papier, Tischoberfläche, Tablett) mit passenden Figuren unterschiedlicher Größe, Form und Farbe das Problem in seinen kommunikativen Bezügen dargestellt. Begleitende Fragen:

- Wenn diese Figur nicht hier, sondern dort stünde, wie würden Sie reagieren?
- Was muss passieren, damit das Bild Ihrer Realität möglichst nahekommt?

Anhang 19

Auftragskarussell
(vgl. Schlippe / Kritz 1996)

Das Auftragskarussell ist eine Methode, die allein oder mit einem Begleiter durchgeführt werden kann. Mit deren Anwendung wird das Ziel verfolgt, offene oder verdeckte Aufträge bewusst zu machen. Aufträge können eigene und fremde Erwartungen, Wünsche und Hoffnungen sein (vgl. Levold / Wirsching 2016, S. 223). Die Lehrkraft wird eingeladen, äußere und innere Problemsysteme, z. B. das Gefühl der Blockierung, einzuladen, die Aufträge zu identifizieren und mit einem prägnanten Satz zu fokussieren. Anschließend werden die wichtigsten Botschaften priorisiert und ein demokratisches Grundgefühl eingeführt, das bei der Entscheidung über Annahme, Ablehnung oder Modifikation eines Auftrags unterstützt. Durch den Prozess kann Klarheit in komplexe Situationen gebracht und der Zugang zur eigenen Handlungsfähigkeit wiedergewonnen werden. Möglichkeiten für das weitere Handeln können sich sowohl für die Lehrkraft im Alltag als auch für den Coachingprozess zeigen. Eine Modifikation der Methode zur Klärung von Aufträgen an die Stimme einer Lehrkraft im Unterricht ist denkbar.

Anhang 20

Ziele entwickeln
(modifiziert nach Boelicke 2004)

Zielplaner für die Entwicklung einer Maßnahme:

Mein Ziel:
Meine Probleme:
Was sollte ich dazu lernen?

Was hindert mich?
Was brauche ich?
Meine Kompetenzen / Ressourcen:
Was habe / kann ich schon?
Was unterstützt mich?
Wer kann mir helfen?
In welcher Situation klappt es schon?
Bis wann werde ich erste Schritte unternommen haben?
Was kann ich tun?
Wie gehe ich vor?

Anhang 21

Fragen zu Zielen
(vgl. Brüggemann et al. 2014, S. 58)

- Was sind Ihre Erwartungen für das Treffen heute?
- Was genau erwarten Sie von mir?
- Was sollte ich auf keinen Fall tun?
- Womit würde ich Sie enttäuschen?
- Gibt es etwas, das aus Ihrer Sicht auf keinen Fall passieren sollte?
- Was sollte noch ergänzt werden?
- Wie könnte eine gute Hilfe aussehen?
- Was soll heute am Ende des Treffens als gutes Ergebnis stehen?

Anhang 22

Fragen zu inhaltlichen Zielen
(vgl. Schwing 2016, S. 173)

- Wohin geht die Reise?

- Um welche Inhalte geht es? Welche Themen werden besprochen?
- Welche Ziele angestrebt? Wie soll die Lösung am Ende der Beratung aussehen?
- Angenommen, wir sitzen gemeinsam in einem Auto, wer fährt alles mit? Wer könnte oder sollte noch einbezogen werden?
- Welchen Wagen nehmen wir?
- Wann sind wir zurück?
- Wie oft sollen wir uns treffen?
- Wo sollen wir uns treffen?
- Welche Vorstellungen gibt es von der gemeinsamen Arbeit in der Beratung?
- Welche Regeln gelten bei den Treffen?

Anhang 23

Fragen zur Aufgabenverteilung
(vgl. Schwing 2016, S. 173)

- Wer sitzt am Steuer? Wer bremst?
- Wer schaut auf der Karte?
- Welche Aufgaben werden die Beteiligten jeweils übernehmen?
- Was wird an Mitwirkung erwartet? Was will die Lehrkraft selber tun? Was nicht?
- Was kann und wird der Berater anbieten? Welchen Beitrag soll der Helfer leisten?
- Was soll der Helfer tun? Was soll er nicht tun?
- Welche Themen sollen ausgeklammert bleiben?

Fragen zum Informationsmanagement

- Wem schicken wir wann eine Postkarte?
- Was sollte noch beachtet werden?
- Was ist für Sie besonders wichtig?

- Was war neu?
- Was hätte lieber nicht gesagt werden sollen?
- Angenommen, Sie müssten sich für ein Thema entscheiden. Welches wäre das?
- Was ist nicht gesagt worden?

Anhang 24

Fragen zur Reflexion
(vgl. Schwing 2016, S. 173)

- Haben wir erreicht, was wir für den Erstkontakt vereinbart haben?
- Wie geht es Ihnen am Ende dieses ersten Treffens?
- Womit sind Sie zufrieden?
- Womit sind sie noch nicht zufrieden?
- Was wäre hilfreich für Sie?
- Was war aus Ihrer Sicht nicht passend?
- Gab es etwas, was Sie geärgert – oder was Sie gefreut hat?

Anhang 25

Stille Fragen für den Coach zur gedanklichen Strukturierung
(vgl. Brüggemann et al. 2014, S. 61–62)

- Welche Geschichten erzählt die Lehrkraft?
- Welche Zuschreibungen gibt sie Situationen, Personen oder Verhaltensweisen?
- In welchem Kontext könnte die Stimmlosigkeit eine Ressource gewesen sein?
- In welchem Kontext hat das Problemverhalten Sinn?
- Mit welchen gewohnten Mustern reagiert sie?
- Welche Funktionen hat ihr Stimmverhalten?
- Welche positive Absicht wird gezeigt?

- Wie konnte die Lehrkraft bisher neue Wirklichkeiten erzeugen?
- Wie bewertet sie ihre Stimmfunktion, ihr kommunikatives Verhalten im Unterricht und ihr Befinden?
- Wer beeinflusst was: Beeinflusst der Unterricht die Stimme oder die Stimme den Unterricht? Beeinflusst die Stimme das Befinden der Lehrkraft oder das Befinden die Lehrkraft die Stimme? Beeinflusst das Befinden der Lehrkraft die Unterrichtsituation oder die Unterrichtssituation das Befinden der Lehrkraft?
- In welcher Hierarchieform denkt die Lehrkraft?
- Welche Beziehung im Unterrichtskontext ist für sie bedeutsam, welche bedeutungslos? Zu den Schülern, zu ihrer Stimme, zu sich selbst?
- Wie könnte der Coach, die Schüler, die Kollegen, die Schulleitung helfen?
- Was können Coach, Schüler, Schule tun, damit die Stimme im Unterricht besser zurechtkommt?
- Gab es etwas, was bisher gewirkt hat? Was hat gewirkt? Was nicht?
- Was braucht die Lehrkraft, damit es der Stimme im Unterricht besser geht?

Anhang 26

Anregende Fragen
(vgl. Schwing/Fryszer 2017, S. 133)

- Wer oder was könnte bei der Lösung des Stimmproblems hilfreich sein?
- Welche Personen gehören zum System, welche nicht?
- Welche Körperteile gehören zum Stimmsystem, welche nicht?
- Wie ist der Umgang der beteiligten Personen im Unterricht?
- Wie ist der Umgang der Lehrkraft mit ihrer Stimme im Unterricht?
- Wie ist der Umgang der Lehrkraft mit sich selbst im Unterricht?
- Wo erfährt die Lehrkraft Wertschätzung und Respekt?

- Wer könnte die Lehrkraft unterstützen?
- In welchen Beziehungen hat die Lehrkraft den größten Gewinn?
- In welchen Konstellationen mangelt es an Unterstützung?
- Wer könnte die Lehrkraft in stimmlichen Fragen unterstützen?

Anhang 27

Bündelnde Fragen
(vgl. Schwing / Fryszer 2017, S. 133)

Fragen zum Lebensumfeld

- Mit welchen Umfeldproblemen ist die Lehrkraft im Unterricht konfrontiert?
- Kann das problematische Stimmverhalten vor dem Hintergrund auch ein Bewältigungsversuch sein?
- Ist die Stimmstörung im Unterricht ein Ausdruck von Gegenwehr einer ständigen Überforderungssituation?
- Entspringt das Stimmverhalten dem Wunsch, das Unterrichtspensum zu reduzieren?

Fragen zu Anpassungsanforderungen

- Mit welchen Einbrüchen (Schulwechsel, Krankheit, Trennungen etc.) hatte die Lehrkraft zu kämpfen?
- Wie hat ihr Stimmverhalten dazu beigetragen, diese Ereignisse zu bewältigen?
- Könnte die Stimmstörung der Lehrkraft als Bedürfnis nach Entlastung verstanden werden, um belastenden Konfrontationen aus dem Weg zu gehen?

Fragen zu zeitlichen Verläufen

- Wie greifen Lebensereignisse, Problemgeschichte, Lösungsversuche ineinander?
- Was hat dies für die heutige Situation zu bedeuten?

- War der Umgang mit der Stimme in der Familie einst eine Strategie, sich Gehör zu verschaffen oder Aufmerksamkeit zu bekommen?

Fragen zum Lebenszyklus

- Mit welchen Übergängen ist die Lehrkraft zurzeit konfrontiert, die einen stimmlichen Einsatz erfordern?
- Wie wird sie damit fertig?
- Welche Schritte sind gelungen?
- Welche werden vermieden?
- Könnte die gestörte Stimme als Ausdruck gelesen werden, die Ansprache von Konflikten zu vermeiden, um Form und Inhalt des Unterrichts nach gewohntem Stil zu bewahren, obwohl sie sich Veränderung wünscht?

Fragen zu biographischen Verläufen

- Wie verlief die bisherige Lebens- und Stimmgeschichte der Lehrkraft?
- Welche Verhaltensmuster hat sie draus abgeleitet?
- Welche Themen, Hypotheken und unerledigte Aufträge bringt sie aus ihrer Geschichte mit?
- Könnte das Familiäre von Strenge, Ordnung und Disziplin geprägt gewesen sein?
- Und aktualisieren sich diese Verhaltenstendenzen im Unterrichtskontext?

Fragen zu Interaktions- und Verhaltensmustern

- Welche Verhaltensmuster haben sich um das Stimmproblem herum gebildet?
- Wie werden diese durch die Interaktionen genährt?
- Reaktion OS/SS: Könnte eine zu angespannte oder unterspannte Stimme zu unruhigem Schülerverhalten oder Rückzugstendenzen führen?

- Könnten unruhiges Schülerverhalten oder Rückzugstendenzen zu einer erhöhten Anspannung im Stimmorgan mit zu lautem oder zu leisem Stimmgebrauch führen?
- Emotion SS / PS: Könnten die Reaktionen der Lernenden im Unterricht das emotionale Befinden der Lehrkraft irritieren und sie verunsichern?
- Könnte ein irritiertes und verunsichert wirkendes Verhalten der Lehrkraft die Reaktionen der Lernenden im Unterricht beeinflussen?
- Konstitution OS / PS: Könnte eine eingeschränkte Stimmfunktion im Unterricht für eine Lehrkraft entsprechend ihrer Veranlagung eine hohe Anspannung bedeuten?
- Könnte eine hohe innere Anspannung zu einer eingeschränkten Stimmfunktion im Unterricht führen?

Fragen zu Strukturen wie Grenzen, Subsysteme und Steuerung

- Wie strukturiert sich der Unterricht?
- Welche Grenzen gibt es?
- Wie deutet die Lehrkraft ihre Führungsrolle?
- Nutzt die Lehrkraft methodisches und fachliches Wissen im Sinn des Nürnberger Trichters oder gestaltet sie Lernformen im systemisch-konstruktivistischen Sinne?
- Sieht die Lehrkraft sich im Unterricht als machtvoll, allwissend und überlegen oder versteht sie sich als Lernbegleitung in einem von Lernplan vorgegebenen Rahmen, der von Lehrendem und Lernendem gemeinsam gestaltet wird?

Anhang 28

Arbeit mit Metaphern

(vgl. Kast 2010)

Metaphern als Sprachbilder können angeschaut werden, erzeugen eine nötige Distanz zum problematischen Sachverhalt und bieten der

Lehrkraft eine Möglichkeit, das komplexe Phänomen einer Stimmstörung auszudrücken und darzustellen (vgl. Hammel 2011). Elemente metaphorischer Arbeit können Geschichten, Fabeln, Märchen, Anekdoten und Lebensweisheiten sein, die sinnliche, räumliche und zeitliche Aspekte von Erlebbarem veranschaulichen, die durch den rationalen Zugang verschlossen blieben (vgl. Schwing/Fryszer 2017, S. 288ff.; Kast 2010). Die metaphorische Arbeit greift dabei auf unbewusste, bildhafte Informationsverarbeitung zurück. „Wir können unsere Lebensgeschichte und unsere aktuelle Situation im Spiegel (...) sehen. (...) Festgefahrene Prozesse kommen manchmal durch die Berührung mit Märchenbildern in Bewegung, das heißt, wir hoffen wieder. Indem wir mit diesen Symbolen arbeiten, erleben wir zusätzlich, daß [sic!] unserer Probleme auch allgemeinmenschliche (...) Probleme sind, die ihre Lösungen haben" (Kast 2010, S. 13).

Beispiel: Das Märchen vom Froschkönig: Nachdem der Froschkönig der Königstochter einen Gefallen getan hat, versucht er alles, um bei ihr bleiben zu können. Die Königstochter will den Frosch nicht bei sich haben und knallt ihn in ihrer Verzweiflung gegen die Wand. Der Frosch verwandelt sich, das Problem ist gelöst.

Problem und Lösung werden bildhaft aufgezeigt. Die Arbeit mit Metaphern kann prozessbegleitend stattfinden.

Anhang 29

Externalisieren
(vgl. White/Epston 1990)

Ausgehend von den Beschreibungen der Lehrkraft wird im Coachinggespräch gemeinsam versucht, eine symbolische Form für das Stimmsymptom zu finden: Wenn Ihre Heiserkeit ein Tier/Gegenstand/Mensch/Fabelwesen wäre, das immer wieder zu unpassenden Zeiten im Unterricht zu Besuch kommt, was für eins wäre das? So könnte eine Stimmstörung z. B. mit einem unliebsamen Frosch im Hals assoziiert werden, der den beruflichen Erfolg stört. Wird ein passendes Symbol gefunden, kann mit dem Bild in verschiedene Richtung gearbeitet werden. Dazu können Fragen nach Ausnahmen gestellt werden, die Nützlichkeit des Symptoms herausgearbeitet und nach Lösungsideen gefragt werden, wie das ungeliebte Wesen wieder ausgeladen werden könnte. Durch die Technik des Externalisierens findet eine sprachliche Trennung zwischen Problem und Person statt.

Fragen zu Ausnahmen:

- Wann war das Problem mit der Stimme nicht da?
- Was haben Sie da anders gemacht?
- Wie haben Sie es geschafft, dass das Stimmproblem nicht da war?
- Wie können Sie mehr davon tun?
- Was könnte an Besuchen des Wesens nützlich sein?
- Was hilft, es zu verscheuchen?
- Wofür wäre es gut, den Frosch noch ein bisschen zu behalten?

Anhang 30

Arbeit mit Zeitlinien

(vgl. Dilts 2006)

Bei der Methode geht die Lehrkraft über eine gedachte Zeitlinie auf dem Boden. Ergänzend kann mit Hilfe von Materialien und Gegenständen der inneren Landkarte Ausdruck verliehen werden. Durch die Verbindung von Zeit und Ereignissen können innere Prozesse ausgedrückt und sowohl belastende als auch ressourcenreiche Situationen erforscht werden. So kann z. B. die Entwicklungsgeschichte des Stimmproblems abgebildet werden. Auf einer Linie wird der aktuelle Status markiert sowie ein neutraler Punkt im Raum festgelegt, für einen distanzierten Blick von außen. Klient und Coach stehen auf dem Gegenwartspunkt. Von dort aus wird der Blick in Vergangenheit und Zukunft gerichtet und von emotionalen Beschreibungen begleitet. Die Arbeit mit der Zeitlinie endet immer in der Gegenwart.

Begleitende Fragen zu Emotionen, Unterschieden und Zielen:

- Wir sind gerade an der Stelle Ihrer stimmlichen Entwicklung, an der Sie gerade… erleben. Bitte beschreiben Sie, was jetzt gerade passiert.

- Wie fühlt sich die Stimme an?
- Wo hat die Stimme ihren Sitz?
- Wie hört sie sich an?
- Klingt sie groß oder klein, rau oder klar?
- Wie fühlt sich die Stimme an?
- Ist sie leicht oder schwer?
- Was fühlen Sie noch?
- Was hat sich zu Beginn der Arbeit verändert?
- Wie könnte ein nächster Schritt aussehen?
- Was fehlt noch, um dieses Ziel zu erreichen?
- Was könnte hinderlich sein?

Anhang 31

Teilearbeit

(vgl. Schwartz 1997)

Das innere System besteht aus verschiedenen Teilen, die um den Erhalt des Selbst bemüht sind. Das SELBST ist das Zentrum, der unverletzbare Kern eines Menschen und erfährt sich an folgenden Teilen: Der beschützende Teil unterteilt sich in Manger und Feuerbekämpfer. Beschützte Teile werden als „Verbannte“ bezeichnet. Die einzelnen Persönlichkeitsanteile können über Symbole im Raum dargestellt und deren Eigenheiten und Besonderheiten markiert werden. Zusammen mit der Lehrkraft wird ein Blick auf die Kooperation der Teile untereinander geworfen. Ist das Selbst ausdifferenziert, kann es aktiv und mitfühlend das System führen und wertschätzend, gelassen und kompetent den Rückmeldungen der Teile zuhören und darauf eingehen. Die Lehrkraft nimmt den Platz der Chefin ein und kann mit Akzeptanz, Neugier und Offenheit zwischen den Teilen vermitteln. „Das Problem ist, dass die Teile eines Menschen, nachdem sie den Menschen auf verschiedene Weise schützen mussten, das Vertrauen in seine Fähigkeit zur Führung verloren haben und glauben, sie müssten die Führung selbst übernehmen“ (Schwartz 1998, S. 68). So geht es in der Arbeit mit der inneren Familie darum, das Selbst der Lehrkraft von sich einmischenden störenden Teilen frei zu machen, so dass ein neues Gleichgewicht zwischen den Persönlichkeitsanteilen möglich wird.

Begleitende Fragen zur Identifikation der inneren Anteile:

- Ist es ein Mann oder eine Frau? Wie heißt er oder sie?
- Wie vertragen sich die Teile?
- Wie könnten die Teile noch besser miteinander kooperieren?
- Was denkt der eine vom anderen?

Anhang 32

Reframing
(vgl. Bandler / Grinder 2010)

Das Stimmproblem wird aus einem gewohnten Bezugsrahmen genommen und in einen neuen gesetzt, so dass die Lehrkraft veranlasst wird, ihre gewohnte Perspektive zu verlassen und einen anderen Blickwinkel einzunehmen. Der Coach zeigt sich neuen Konstrukten gegenüber entsprechend seiner konstruktivistischen Grundhaltung neutral und weckt durch Witz und Humor Neugier und Aufmerksamkeit für andere Sichtweisen. So kann eine problematische Verhaltensweise wie die gestörte Stimme einer Lehrkraft im Unterricht neben der kranken Eigenschaft des Stimmorgans auch noch anders verstanden werden:

Vielleicht könnte es sinnvoll sein, das Stimmproblem zu sehen als

… Ausdruck guter Absichten der Lehrkraft:
Das Symptom kann als Verhalten gewertete werden, dass etwas aus dem Gleichgewicht geraten ist. Gelingt es, das Stimmsymptom als Signal zu verstehen, kann das der Anstoß für Veränderung sein. Das Symptom steht dann für einen kreativen Lösungsversuch, eine Überforderungssituation zu bewältigen.

… sinnstiftendes Element in der Unterrichtssituation:
Das Symptom könnte im Unterrichtskontext Sinn machen, indem es z. B. ein bedrohtes Gleichgewicht aufrechterhält. Es könnte sein, dass

die Lehrkraft spürt, dass sie den unterschiedlichen Lernpersönlichkeiten und Lernbiographien im Unterricht nicht gerecht werden kann. Gleichzeitig könnte die Heiserkeit auf den Wunsch verweisen, eine gute, respektierte Lehrkraft zu sein, die ihren Stoff vermittelt, gleichzeig verunsichert ist, wenn die Lernenden stören oder sich zurückziehen. Da sie sich der Schule gegenüber loyal zeigen und ihren Beziehungsstatus nicht gefährden möchte, schafft eine heisere Stimme die Möglichkeit, Konfrontationen zu umgehen, da sie zu Rückzug und Schweigen legitimiert.

… als sinnstiftendes Element vergangener Familiengeschichte:
Eine laute und hohe Stimme könnte ein übernommenes Verhalten sein, wenn z. B. die Mutter eine laute Stimme hatte und damit sich Respekt verschaffte. Zudem könnte der Einsatz einer lauten Stimmgebung eine erfolgreiche Strategie gewesen sein, sich gegen weitere Geschwister durchzusetzen, um sich Gehör zu verschaffen. Auch könnten hohe Erwartungshaltungen und strenge Verhaltensvorgaben im Elternhaus zu einer erhöhten Anspruchshaltung den eigenen Leistungen und einem ausgeprägten Pflichtgefühl geführt haben, die Leistung als Stärke und Gefühlsregungen als Schwäche erkennen. Dann könnte eine gestörte Stimme als Zeichen für Entlastung oder das Bedürfnis nach Rückzug stehen.

… als sinnstiftendes Element im biographischen Kontext:
Eine fehlende Stimme kann in einer bestimmten Lebensphase, wie der Tod eines Angehörigen oder die Trennung vom Partner, eine wichtige Funktion gehabt haben. Die Heiserkeit hatte Schutzfunktion, um emotionaler Konfrontation aus dem Weg zu gehen.

… Ausdruck von Fähigkeiten und Ressource:
Eine gestörte Stimme muss nicht nur als körperliche Schwäche im Sinne eines Defizits gesehen werden, sondern kann auch auf Fähigkeiten und Ressourcen einer Lehrkraft verweisen. Das Symptom könnte für einen anpassungsfähigen Körper, für ein hohes sprecherisches Engagement im Unterricht oder für einen regen Austausch mit der Umwelt stehen.

Anhang 33

Fünf Schritte für ein Reframing
(vgl. Schwing und Fryszer 2017, S. 248)

„1. Notieren Sie: Was ist es genau, das stört?!
Beschreiben Sie das störende Verhalten konkret und ohne Wertung.
2. In welchem Kontext könnte das störende Verhalten passen?
Wo, in welchen Situationen war es einmal sinnvoll oder könnte es noch immer sinnvoll sein?
3. Welche Fähigkeiten zeigen sich in dem Verhalten?
Was muss er / sie können, um sich so aufzuführen?
Wo könnte er / sie diese Fähigkeiten anders oder sinnvoller einsetzen?
4. Was möchte die / der Betreffende bewusst oder unbewusst damit erreichen?
Welcher positive Zweck, welche gute Absicht könnte darin liegen?
5. Welche alternativen Verhaltensweisen könnten die Person dem Ziel ebenfalls oder besser näherbringen? Was könnte und müsste sie / er dazulernen?" (Schwing / Fryszer 2017, S. 248).

Anhang 34

Arbeit mit Skulptur
(vgl. Satir 2011)

Besteht der Wunsch, das Stimmsymptom als Skulptur darzustellen, wird sein Stellvertreter in der Raummitte positioniert. Um äußere Beziehungen darzustellen, können als Stellvertreter Phantasiefiguren, Naturmaterialien oder abstrakte menschliche Holzfiguren ohne Charakterzüge eingesetzt werden (vgl. Schwing / Fryszer 2017, S. 197). Elemente können Personen im Unterricht, die Schule als Institution, zwischenmenschliche Probleme, das Stimmsymptom oder auch Ressourcen sein. Anschießend können Elemente der Unterrichtssituation wie Sprechabsicht und Sprechpartner, Elemente des Körpers bezogen auf Haltung, Gehör, Ansatzrohr, Kehlkopf und Atmung sowie Elemente der Persönlichkeit der Lehrkraft aufgeteilt in ihre Erfahrungen, stimmlichen Vorbilder und konstitutionelle Veranlagung positioniert werden.

Anhang 35

Fragen zu Unterschieden
(vgl. Brüggemann et al. 2014, S. 110)

- Was hat sich im Vergleich vom Beginn bis Ende des Coachings verändert?
- Welche positiven Veränderungen können Sie benennen?
- Wie hat Ihre Umgebung auf die Veränderung reagiert?
- Was war für Sie das Wichtigste innerhalb des Coachings?
- Mit welchem Eigenschaftswort würden Sie sich zu Anfang und mit welchem zum Ende des Coachings beschreiben?
- Was, denken Sie, sollte heute in der letzten Sitzung noch gesagt werden?
- Was könnten Sie dafür tun, damit wir heute mit einem guten Gefühl auseinandergehen?
- Was könnte ich dafür tun?

Anhang 36

Fragen für ein gutes Finale
(vgl. Brüggemann et al. 2014, S. 115)

- Was benötigen Sie noch, um die Beratung abzuschließen?
- Was wird Sie zukünftig stimmlich im Unterricht erwarten?
- Was von dem bisher Gelernten war gut und nützlich?
- Auf was möchten Sie im Umgang mit Ihrer Stimme im Unterricht besonders achten?
- Was sollte nicht in Vergessenheit geraten?
- Woran möchten Sie im Unterricht weiter arbeiten?

Anhang 37

Führen eines Stimmtagebuchs
(modifiziert nach Hammer 2007, S. 260)

Name:	Datum:

Uhrzeit:	**Stimm-beurteilung:** 0 = sehr schlecht 10 = sehr gut	**Situation:**	**Bemerkungen:**
morgens:			
vormittags:			
mittags:			
nachmittags:			
abends:			

Anhang 38

Gestaltungsschritte beim CAL
(vgl. Hauser 2012; vgl. Hubrig/Herrmann 2012)

Folgende Schritte können gestaltet werden, um das Thema Stimmgesundheit an Schulen zu implementieren:

- Austausch mit der Schulleitung, um die Relevanz von Stimmgesundheit einer Lehrkraft als deren Arbeitswerkzeug plausibel darzustellen und die Bedeutung für das soziale System Unterricht als Subsystem von Schule und damit auch für die Schule als Organisation darzustellen. Die Ausrichtung des Projekts Stimmgesundheit an Schulen wird wahrscheinlicher, wenn an die kollektiven Ziele der Schule, das vorliegende Werteverständnis und ihre Visionen, die für die Leitdifferenzen des Stimmprojekts und den Individuen als rahmengebende Ordner fungieren, angeknüpft wird und Problemstellungen durch gemeinsam geteilten Sinn inhaltliche und kommunikative Anschlussfähigkeit gewährleisten.

- Herstellen einer Kultur der kollektiven Akzeptanz bei der Schulleitung sowie im Kollegium für ausverhandelte Entscheidungen, indem Lernen über das eigene Lernen auf individueller und organisationaler Ebene zum inneren Programm der Schule wird, um eine Kommunikation über individuelle und kollektive (organisationaler) Prämissen sowie deren Passung zu ermöglichen. Eine Veränderung in einer Schule stellt sich dann ein, „wenn Motivationen, Werte, Einstellungen und Bedürfnisse und Ziele der verschiedenen Subsysteme im Kollegium anschließt." (Hubrig/Herrmann 2014, S. 247)
- Bildung eines Teams zum Thema Stimmgesundheit als Plattform, um individuelles Wissen in Kommunikation zu bringen mit einer positiven Fehlerkultur, indem widersprüchliche Ergebnisse und Ziele nicht als richtig oder falsch bewertet, sondern Alternativen als Kontingenzerweiterung im wertschätzenden kommunikativen Austausch zur Lernchance werden.
- Einen „Ort" zum Austausch einrichten, an dem individuelles Wissen und organisationale Erwartungen durch eine kollektiv geteilte, strategische Ausrichtung auf eine Zukunftsvision möglich werden.

Anhang 39

Reflecting Team
(vgl. Andersen 1996)

Die ratsuchende Person wird in der Anwesenheit der Mitglieder eines RT (meistens drei Personen) von einem Coach interviewt (z. B. mit systemischen Fragen). Das RT hört schweigend zu, ohne in das Interview einzugreifen. Nach dem Interview wird das RT um seine Ideen gebeten. Dazu tauschen sie ihre Wahrnehmungen, Beobachtungen und Fragen über das beobachtete Gespräch wertschätzend, tastend, fragend im Konjunktiv aus. Das RT führt also ein Gespräch über eine gerade beobachtete Unterhaltung. Während der Reflexion nimmt das RT keinen Kontakt mit dem Interviewteam auf. Dadurch kann die ratsuchende Person den gedanklichen Prozess der „Experten" verfolgen und während des Zuhörens die Sichtweisen der Teammitglieder auf sich wirken lassen, ohne unmittelbar reagieren zu müssen. Durch die zuhörende Position hat die ratsuchende Person die Möglichkeit, an ihrem inneren Dialog anzuknüpfen und die Reflexionen der anderen mit Abstand zu erleben. Nachdem das RT geendet hat, sprechen die ratsuchende Person und der Coach über ihre Einfälle zu den Reflexionen. Durch den Einsatz der Außenperspektive des RT kann die informationelle Komplexität erweitert werden.

Zu guter Letzt:

- Was braucht der Mensch zum Denken?
- Wo findet der kreative Prozess statt?
- Gibt es eine Grenze des Vorstellbaren?